Nihai Reçel Yemek Kitabı

Klasik Tatlar ve Eşsiz Kombinasyonlar İçeren Ev Yapımı Reçeller, Jöleler ve Konserveler İçin 100 Lezzetli Tarif, Ayrıca Meyvelerinizi Seçmek, Hazırlamak ve Saklamak İçin Uzman İpuçları, Hediye Vermek veya Kilerinizi Stoklamak İçin Mükemmel

Ümran Yavuz

Telif hakkı Materyal ©2023

Her hakkı saklıdır

Feragatname

Bu Kitapta yer alan bilgilerin, bu Kitabın yazarının hakkında araştırma yaptığı kapsamlı bir stratejiler derlemesi işlevi görmesi amaçlanmaktadır. Özetler, stratejiler, ipuçları ve püf noktaları yalnızca yazar tarafından tavsiye edilir ve bu Kitabı okumak, kişinin sonuçlarının yazarın sonuçlarını tam olarak yansıtacağını garanti etmez. Kitabın yazarı, Kitabın okuyucularına güncel ve doğru bilgiler sağlamak için makul olan tüm çabayı göstermiştir. Yazar ve ortakları, bulunabilecek kasıtsız hata veya eksikliklerden sorumlu tutulamaz. Kitaptaki materyaller üçüncü kişilerden alınan bilgileri içerebilir. Üçüncü taraf materyalleri, sahipleri tarafından ifade edilen görüşleri içerir. Bu nedenle, Kitabın yazarı herhangi bir üçüncü taraf materyali veya görüşü için sorumluluk veya yükümlülük kabul etmez.

İÇİNDEKİLER

İÇİNDEKİLER	**2**
GİRİİŞ	**7**
TUZLU REÇELLER	**8**
1. Elma Ve Kekik/Adaçayı Jölesi	9
2. Nane Jölesi	11
3. Tatlı Elma Jölesi	13
4. Acı Yeşil Biber Jölesi	15
5. Sarımsak veya arpacık jölesi	17
6. Pancar Reçeli	19
7. Soğan Reçeli	21
8. Tatlı Biber Reçeli	23
9. Biber Reçeli	25
KONSERVE REÇELLER	**27**
10. Elma Şili reçeli	28
11. Balzamik Soğan Reçeli	30
12. Yaban Mersini Reçeli	32
13. Ahududu Reçeli	34
14. Çilek-tekila reçeli	36
15. Nane-Ananas Reçeli	38
16. Çilek-ravent reçeli	40
17. Nektarin ve Vişne Reçeli	42
18. Düşük şekerli çilek-tekila agav reçeli	44
19. Çikolata-vişne reçeli	46
20. Portakal-muz reçeli	48
21. Kayısı-lavanta reçeli	50
22. İncir ve armut reçeli	52
23. İncir, biberiye ve kırmızı şarap reçeli	54

24. Kavun reçeli	56
25. Şeftali-biberiye reçeli	58
26. Bal-armut reçeli	60
27. Elmalı turta reçeli	62
28. Şeftali-burbon reçeli	64
29. Düşük şekerli ahududu "limonata" reçeli	66
30. Domates-bitki reçeli	68
31. Kabak-ekmek reçeli	70
32. Böğürtlen reçeli	72
33. Düşük şekerli elma-şili reçeli	74
34. Balzamik-soğan reçeli	76
35. Yaban mersini-limon reçeli	78
36. Elma reçeli	80
37. Çilek-ravent jölesi	82
38. Yaban mersini-baharat reçeli	84
39. Üzüm-erik jölesi	86
40. Altın biber jölesi	88
41. Şeftali-ananas Reçeli	90
42. Soğutulmuş Elma Reçeli	92
43. Buzdolabında Üzüm Reçeli	94
44. Toz Pektinli Vişne Jölesi	96
45. Toz Pektinli Vişne Reçeli	98
46. Sıvı Pektinli İncir Reçeli	100
47. Toz Pektinli Üzüm Jölesi	102
48. Sıvı Pektinli Nane-Ananas Reçeli	104
49. Sıvı Pektinli Karışık Meyve Jölesi	106
50. Portakallı Jöle	108
51. Baharatlı Portakal Jölesi	110
52. Portakal Reçeli	112

53. Kayısı-Portakal Konservesi	114
54. Toz Pektinli Şeftali Reçeli	116
55. Baharatlı Yaban Mersini-Şeftali Reçeli	118
56. Sıvı Pektinli Ananas Reçeli	120
57. Sıvı Pektinli Erik Jölesi	122
58. Toz Pektinli Çilek Reçeli	124
59. Tutti-Frutti Reçeli	126
60. Üzüm Konservesi	128

pektinsiz reçeller 130

61. Pektin Eklenmemiş Böğürtlen Jölesi	131
62. Pektin Eklenmemiş Elma Jölesi	133
63. Pektin Eklenmemiş Elma Reçeli	135
64. Pektin Eklenmemiş Ayva Jölesi	137

TAZE REÇELLER 139

65. Pembe Limonata Açai Reçeli	140
66. Çilek lavanta reçeli	142
67. Hanımeli şurubu	144
68. Ravent, gül ve çilek reçeli	146
69. Elma Yosunu Şurubu	148
70. Deniz Yosunu Elma Sosu	150
71. Açaí-Chia Reçeli	152

DONDURUCU REÇELLERİ 154

72. Dondurucu Çilek Reçeli	155
73. Kivi Reçeli	157
74. Ahududu / Frenk Üzümü Reçeli	159

GELENEKSEL REÇELLER 161

75. Elma ve Zencefil	162
76. Kayısı Reçeli	164
77. Elma ve Böğürtlen Reçeli	166

78. Kara Üzüm Ve Porto Şarabı Reçeli	168
79. Böğürtlen Reçeli	170
80. Frenk Üzümü Reçeli	172
81. Konserve Kayısı ve Ananas Reçeli	174
82. Kiraz reçeli	176
83. Mürdüm Reçeli	178
84. Taze İncir Reçeli	180
85. Zencefil Reçeli	182
86. Bektaşi Üzümü Reçeli	184
87. Kivi Reçeli	186
88. İlik ve Zencefil Reçeli	188
89. Karışık Meyve Reçeli	190
90. Şeftali Reçeli	192
91. Armut ve Zencefil Reçeli	194
92. Ananas Reçeli	196
93. Erik Reçeli	198
94. Ayva Reçeli	200
95. Loganberry veya Tayberry Reçeli	202
96. Ahududu Reçeli	204
97. Ravent Ve Zencefil Reçeli	206
98. Çilek Reçeli	208
99. Çilek Reçeli (Bütün)	210
100. Çilek Ve Ravent Reçeli	212

ÇÖZÜM   214

GİRİŞ

Ev yapımı reçel ve konservelerin hayranı mısınız? Nihai Reçel Yemek Kitabı'tan başkasına bakmayın! Aralarından seçim yapabileceğiniz 100 nefis tarifle, bir sonraki meyve dolu kreasyonunuzu seçmek söz konusu olduğunda seçim yapmakta zorlanacaksınız. İşte bu kapsamlı yemek kitabından bekleyebilecekleriniz:

- Çok çeşitli lezzet kombinasyonları: Çilek ve yaban mersini gibi klasik tariflerden ravent ve gül veya armut ve zencefil gibi daha eşsiz karışımlara kadar, bu yemek kitabında her zevke uygun bir şeyler var. Aralarından seçim yapabileceğiniz 100 tarifle ilhamınız asla bitmeyecek.

- Meyveleri koruma konusunda uzman tavsiyesi: Mutfakta acemi olsanız bile, bu yemek kitabı reçel yapmaya başlamanızı kolaylaştırıyor. En iyi meyveyi seçmek, konserveye hazırlamak ve reçellerinizin aylarca taze kalmasını sağlamak için yararlı ipuçları bulacaksınız.

- Kilerinizi hediye etmek veya stoklamak için mükemmel: Ev yapımı reçeller, arkadaşlarınız ve aileniz için düşünceli hediyeler olabilir veya sabah tostunuza veya ikindi çayınıza bir tatlılık katmak için kullanılabilirler. Parmaklarınızın ucundaki 100 tarifle, ihtiyaç duyduğunuz her an elinizin altında bir kavanoz lezzetli reçel olacak.

TUZLU REÇELLER

1. **Elma ve Kekik/Adaçayı Jölesi**

yapar: 5 pound

İÇİNDEKİLER:
- 3 pound Bramley Pişirme Elmaları
- 3 kilo Toz Şeker
- 2 Pint (1130ml) Su
- 1 ons (30g) Kekik/Adaçayı, doğranmış
- ½ Şişe Sıvı Pektin

TALİMATLAR:
a) Elmayı yıkayın, küçük parçalar halinde kesin, ancak kabuğunu soymayın veya çekirdeğini çıkarmayın.
b) Meyveleri su ile bir tencereye koyun, üzerini kapatın ve meyve suyunu çekene kadar pişirin.
c) ezecek kadar yumuşaktır. Püre haline getirilmiş meyveyi bir jöle torbasından boşaltın.
d) Şekeri ve 2 litre (1130ml) suyu büyük bir tencereye koyun ve ara sıra karıştırarak şeker eriyene kadar hafifçe ısıtın.
e) Hızla tam bir kaynama noktasına getirin ve 1 dakika boyunca hızla kaynatın.
f) Sıvı Pektini ilave edin ve ara sıra karıştırarak yarım dakika daha kaynatın.
g) Kekik/adaçayını ilave edin. Gerekirse ocaktan alın ve süzün.
h) Tencereye koyun ve her zamanki gibi örtün.

2. Naneli jöle

Yapar: 1½ pound

İÇİNDEKİLER:
- Büyük Demet Nane
- 1 pound Şeker
- Yarım litre Beyaz Sirke
- yeşil boyama
- 1 Şişe Sıvı Pektin

TALİMATLAR:
a) Naneyi iyice yıkayın ve ikiye bölün.
b) Yaprakları bir demetten alın, fazla suyu sıkın ve ince ince doğrayın. Sirke ve şekeri ikinci bir demet nane ile bir tencereye alın ve kısık ateşte şeker eriyene kadar karıştırın.
c) Nane demetini çıkarın. 1 dakika kaynatın.
d) Şurubu tülbentten geçirip tekrar tencereye alın.
e) Sıvı Pektini ilave edin, kaynatın ve 2 dakika kaynatın. Kıyılmış nane ve boyayı ekleyin.
f) Nanenin yüzmesini önlemek için hafifçe soğumaya bırakın.
g) Her zamanki gibi yağını alın, demleyin ve üzerini örtün.

3. Tatlı Elma Jölesi

yapar: 5 pound

İÇİNDEKİLER:
- 2 pint (1130ml) Tatlı Elma Şarabı
- 3¼ pound Şeker
- 1 Şişe Sıvı Pektin

TALİMATLAR:
a) Elma şarabı ve şekeri büyük bir tencereye koyun ve iyice karıştırın.
b) Şeker eriyene kadar ara sıra karıştırarak hafifçe ısıtın. Sıvı Pektini ekleyin.
c) Tam bir kaynama noktasına getirin ve 1 dakika boyunca sert bir şekilde kaynatın.
d) Her zamanki gibi yağını alın, demleyin ve üzerini örtün.

4. Acı Yeşil Biber Jölesi

Yapar: 7 pound

İÇİNDEKİLER:
- 3 büyük dolmalık biber – tohumlanmış ve parçalar halinde kesilmiş
- 5 pound (2,3 kg) Şeker
- 24 ons (700ml) Elma sirkesi
- 12 adet yeşil biber – çekirdeklerini bırakın, sadece sapını kesin
- 2½ ons(80ml) Su 2 Şişe Sıvı Pektin

TALİMATLAR:
a) Şeker ve Sıvı Pektin dışındaki tüm malzemeleri sıvılaştırın.
b) Geniş bir tencereye alın, şekeri ekleyin ve 8 dakika hızla kaynatın.
c) Ateşten alın, süzün, Sıvı Pektin ve istenirse birkaç damla yeşil boya ekleyin.
d) İyice karıştırın, kavanozlara dökün ve kapatın.

5. Sarımsak veya arpacık jölesi

yapar: 5 pound

İÇİNDEKİLER:
- 3 oz (85g) ince kıyılmış Sarımsak VEYA Arpacık Arpacık
- 3 pound Şeker
- 24 ons (700ml) Beyaz şarap sirkesi
- 16 ons(450ml) Su ½ Şişe Sıvı Pektin

TALİMATLAR:
a) Sarımsağı veya arpacık soğanı sirke ile karıştırın ve üstü açık olarak orta ateşte 15 dakika hafifçe pişirin.
b) Ateşten alın ve uygun bir cam kavanoza veya güvece dökün: üzerini kapatın ve 24 ila 36 saat oda sıcaklığında bekletin.
c) Sirkeyi bir tel süzgeçten geçirerek büyük bir tavaya dökün, mümkün olduğunca fazla sıvı elde etmek için bir kaşığın tersiyle sarımsak veya arpacıkları bastırın; sonra artıkları atın.
d) Su ve şeker ekleyin.
e) Orta yüksek ısıda tam bir kaynama noktasına getirin.
f) Sıvı Pektini ilave edin ve 1 dakika boyunca sürekli karıştırarak kaynatın.
g) Gerekirse süzün, tencereye alın ve üzerini kapatın.

6. Pancar Reçeli

Yapar: 4½ pound

İÇİNDEKİLER:
- 1¾ pound (800g) çiğ Pancar (veya 1 pound pişmiş
- 2¾ pound (1.3kg) Şeker
- Yarım litre (425ml) Sirke
- 1 Şişe Sıvı Pektin

TALİMATLAR:
a) Pancarlar çiğ ise haşlayın, sonra kabuklarını soyun ve çok ince doğrayın.
b) Şeker ve sirkeyi büyük bir tencereye ölçün ve hazırlanan pancarı ekleyin.
c) İyice karıştırın ve şeker eriyene kadar ara sıra karıştırarak yavaşça ısıtın.
d) Tam bir kaynama noktasına getirin ve 2 dakika boyunca hızla kaynatın.
e) Ateşten alın ve Sıvı Pektin içinde karıştırın.
f) Sadece bir süre için dönüşümlü olarak karıştırın ve süzün
g) 5 dakika, hafifçe soğumaya bırakın. Tencereye koyun ve her zamanki gibi örtün.

7. soğan reçeli

Yapar: 2 pound Reçel

İÇİNDEKİLER:
- 1 pound 3 ons (600g) Soğan
- 1 pound 9 ons (700g) Şeker
- 1½ yemek kaşığı (20ml) Zeytinyağı
- 7 oz (20g) Frenk üzümü
- 7 oz (200ml) Şarap Sirkesi
- 2 yemek kaşığı (30ml) Limon Suyu
- ¼ Şişe Sıvı Pektin
- Baharatlar (¼ çay kaşığı zencefil ve ¼ çay kaşığı yenibahar veya tadı)

TALİMATLAR:

a) Soğanı küçük şeritler halinde kesin. Yağı ısıtın ve soğanları ekleyin. Örtün ve soğan şeffaf ve yumuşayana kadar (yaklaşık 15 - 20 dakika) kızarmadan yavaşça pişirin.

b) Frenk üzümü, şarap sirkesi ve limon suyunu ekleyin, kaynama noktasına kadar ısıtın, üzerini kapatın ve kırmızı kuş üzümü ve soğanlar iyice yumuşayana kadar (20 dakika veya gerektiği kadar) pişirin.

c) Şekeri ekleyin, kaynayana kadar ısıtın ve HIZLA 6 dakika kaynatın. ¼ Şişe Sıvı Pektin ekleyin, ocaktan alın ve soğuk bir plaka üzerinde oturması için bir numuneyi test edin. Gerekirse, plaka üzerinde birkaç dakika sonra bir numunede belirgin bir cilt görünene kadar 2-3 dakikalık aralıklarla tekrar kaynatın.

d) Birkaç dakika soğumaya bırakın, karıştırın ve sirkeye dayanıklı kapaklar kullanarak her zamanki gibi tencereye koyun.

8. Tatlı Biber Reçeli

Yapar: 4 kavanoz

İÇİNDEKİLER:
- 8 adet çekirdekleri çıkarılmış ve irice doğranmış kırmızı biber
- 10 adet doğranmış kırmızı biber, çekirdekleri dahil
- parmak büyüklüğünde taze zencefil, soyulmuş ve doğranmış
- 1 pound altın şeker
- 8 diş soyulmuş sarımsak
- 1¾ pound (790g) çeri domates ikiye bölünmüş, sapı kesilmiş
- 250 ml kırmızı şarap sirkesi
- 1 Şişe Sıvı Pektin

TALİMATLAR:
a) Sıvı Pektin dışındaki tüm malzemeleri kalın tabanlı bir tencereye alın.

b) Kaynatın, altını kısın ve 50 dakika pişirin: ocaktan alın.

c) Malzemeleri doğramak için bir çubuk karıştırıcı kullanın, tekrar ateşe koyun ve hızlı bir kaynamaya getirin, sık sık karıştırarak yapışkan hale gelene kadar oluşan köpüğü alın.

d) Sıvı Pektini ilave edin ve 5 dakika kaynatın ve ardından 5 dakika dinlenmeye bırakın. Sterilize edilmiş kavanozlara dökün. Kapakları kapatın ve karanlık bir dolapta saklayın.

9. Biber Reçeli

Yapar: 3,5 pound Reçel

İÇİNDEKİLER:
- 6-8 orta boy biber
- 2 ¾ pound (1.25kg) Şeker
- Yarım litre (240ml) Sirke 1 Şişe Sıvı Pektin

TALİMATLAR:
a) En iyi renk için eşit miktarda yeşil ve kırmızı tatlı biber kullanın. Biberleri hazırlamak için, çekirdeklerini çıkarın ve etlerini ince ince doğrayın.
b) Şeker ve sirkeyi büyük bir muhafaza kabına ölçün ve ekleyin
c) 14 ons (0.4kg) hazırlanmış biber.
d) İyice karıştırın ve yüksek ateşte tam bir kaynama noktasına getirin. Kaynatmadan önce ve kaynatırken sürekli karıştırın.
e) 2 dakika hızla kaynatın. Ateşten alın, Sıvı Pektini ilave edin.
f) 5 dakika soğumaya bırakın. Gerekirse gözden geçirin.
g) Tencereye koyun ve her zamanki gibi örtün.

KONSERVE REÇELLER

10. Elma Şili reçeli

Yapar: 5 (½-Pint) Kavanoz

İÇİNDEKİLER:
- 2 büyük elma, soyulmuş ve rendelenmiş
- 3 yemek kaşığı şişelenmiş limon suyu
- 4 bardak elma suyu
- 3 Yemek Kaşığı Şekersiz Pektin
- 1 yemek kaşığı ezilmiş chile de árbol veya kurutulmuş ezilmiş kırmızı biber
- ½ su bardağı bal

TALİMATLAR:
a) Rendelenmiş elma ve limon suyunu 4 litrelik paslanmaz çelik veya emaye Hollanda fırınında birleştirin. Sürekli karıştırarak 10 dakika veya elma yumuşayana kadar pişirin.
b) Elma suyu, pektin ve ezilmiş chile de árbol'u karıştırın. Karışımı, sürekli karıştırarak, yüksek ateşte karıştırılamayan tam bir kaynama noktasına getirin.
c) bal ekle Karışımı tam kaynama noktasına getirin. Sürekli karıştırarak 1 dakika kaynatın. Ateşten alın. Gerekirse köpüğü alın.
d) Sıcak reçeli sıcak bir kavanoza doldurun ve ¼ inç boşluk bırakın. Hava kabarcıklarını çıkarın. Kavanoz kenarını silin. Kavanozdaki kapağı ortalayın. Bandı uygulayın ve parmak ucunuzla sıkı olacak şekilde ayarlayın. Kavanozu kaynar su kabının içine yerleştirin. Tüm kavanozlar dolana kadar tekrarlayın.
e) Yüksekliğe göre ayarlayarak kavanozları 10 dakika işleyin. Isıyı kapatın; kapağı çıkarın ve kavanozları 5 dakika bekletin. Kavanozları çıkarın ve soğutun.

11. balzamik soğan reçeli

Yapar: 5 (½-Pint) Kavanoz

İÇİNDEKİLER:
- 2 lb soğan, doğranmış
- ½ su bardağı balzamik sirke
- ½ bardak akçaağaç şurubu
- 2 çay kaşığı öğütülmüş beyaz biber
- 1 defne yaprağı
- 2 bardak elma suyu
- 3 Yemek Kaşığı Şekersiz Pektin
- ½ su bardağı bal

TALİMATLAR:
a) İlk 6 malzemeyi 6 litrelik paslanmaz çelik veya emaye Hollanda fırınında birleştirin. Orta ateşte 15 dakika veya soğanlar yarı saydam olana kadar ara sıra karıştırarak pişirin.

b) Elma suyu ve pektini karıştırın. Karışımı, sürekli karıştırarak, yüksek ateşte karıştırılamayan tam bir kaynama noktasına getirin.

c) Çözünmesi için karıştırarak bal ekleyin. Karışımı tam kaynama noktasına getirin. Sürekli karıştırarak 1 dakika kaynatın. Ateşten alın. Defne yaprağını çıkarın ve atın. Gerekirse köpüğü alın.

d) Sıcak reçeli sıcak bir kavanoza doldurun ve ¼ inç boşluk bırakın. Hava kabarcıklarını çıkarın. Kavanoz kenarını silin. Kavanozdaki kapağı ortalayın. Bandı uygulayın ve parmak ucunuzla sıkı olacak şekilde ayarlayın. Kavanozu kaynar su kabının içine yerleştirin. Tüm kavanozlar dolana kadar tekrarlayın.

e) Yüksekliğe göre ayarlayarak kavanozları 15 dakika işleyin. Isıyı kapatın; kapağı çıkarın ve kavanozları 5 dakika bekletin. Kavanozları çıkarın ve soğutun.

12. Yaban mersini reçeli

Yapar: 9 yarım pint

İÇİNDEKİLER:
- 8 su bardağı taze yaban mersini
- 6 su bardağı bal
- 3 yemek kaşığı limon suyu
- 2 çay kaşığı öğütülmüş tarçın
- 2 çay kaşığı rendelenmiş limon kabuğu rendesi
- ½ çay kaşığı öğütülmüş hindistan cevizi
- 6 ons şekersiz sıvı meyve pektini

TALİMATLAR:
a) Yaban mersini bir mutfak robotuna koyun; örtün ve neredeyse tamamen karışana kadar itin.
b) Bir stok kabına aktarın. Bal, limon suyu, tarçın, limon kabuğu rendesi ve hindistan cevizini ekleyip karıştırın. Sürekli karıştırarak yüksek ateşte tam bir kaynama noktasına getirin. Pektini karıştırın.
c) Sürekli karıştırarak 1 dakika kaynatın.
d) Ateşten alın; köpüğü sıyırın. Sıcak karışımı, ¼ inçlik üst boşluk bırakarak, sıcak sterilize edilmiş yarım litrelik kavanozlara koyun.
e) hava kabarcıklarını çıkarın; jantları silin ve kapakları ayarlayın. Kaynar su kabında 10 dakika işleyin.

13. Ahududu reçeli

Yapar: 6 yarım litre

İÇİNDEKİLER:
- 3½ lb taze ahududu, ezilmiş
- ½ su bardağı taze limon suyu
- 4 Yemek Kaşığı Şekersiz Pektin
- 1½ su bardağı bal

TALİMATLAR:
a) Ahududuları Hollandalı bir fırına koyun.
b) Limon suyu ve pektini karıştırın. Karışımı kaynatın.
c) Karıştır tatlım. 1 dakika daha ısıtın.
d) ¼ inç boşluk bırakarak sıcak bir kavanoza doldurun. Hava kabarcıklarını serbest bırakın ve kapağı ortalayın.
e) Bandı uygulayın ve rahat hale getirin.
f) Kavanozu kaynar su kabının içine yerleştirin.
g) Rakımı hesaba katarak 10 dakika işlem yapın.
h) Kavanozları çıkarın ve soğutun.

14. çilek-tekila reçeli

Yapar: 4 yarım pint

İÇİNDEKİLER:
- 5 su bardağı doğranmış taze çilek, ezilmiş
- ½ fincan tekila
- 5 Yemek Kaşığı Şekersiz Pektin
- 1 su bardağı agav şurubu

TALİMATLAR:
a) Hollandalı bir fırında çilek ve tekila birleştirin.
b) Pektini karıştırın.
c) Karışımı kaynatın.
d) Agave şurubunu karıştırın. 1 dakika daha ısıtın.
e) ¼ inç boşluk bırakarak sıcak bir kavanoza doldurun. Hava kabarcıklarını serbest bırakın ve kapağı ortalayın. Bandı uygulayın ve rahat hale getirin. Kavanozu kaynar su ile teneke kutuya koyun.
f) Rakımı hesaba katarak 10 dakika işlem yapın.
g) Kavanozları çıkarın ve soğutun.

15. **Nane-Ananas Reçeli**

Yapar: 10 yarım litrelik kavanoz

İÇİNDEKİLER:
- Bir 20 ons ezilmiş ananas konservesi
- ¾ bardak su
- ¼ bardak limon suyu
- 7 ½ su bardağı bal
- 10 Yemek Kaşığı Şekersiz Pektin
- ½ çay kaşığı nane özü
- Birkaç damla yeşil boya

TALİMATLAR:
a) Ezilmiş ananası bir su ısıtıcısına koyun. Su, limon suyu ve bal ekleyin. İyice karıştırın.
b) Yüksek ısıya koyun ve sürekli karıştırarak, tüm yüzey üzerinde kabarcıklar olacak şekilde hızlı bir şekilde tam kaynama noktasına getirin.
c) Sürekli karıştırarak 1 dakika kaynatın.
d) Ateşten alın; pektin, lezzet özü ve renklendirici ekleyin. Sıyırmak.
e) Hemen sıcak, steril konserve kavanozlarına ¼ inç boşluk bırakarak dökün.
f) Kapatın ve kaynar su banyosunda 5 dakika işleyin.

16. çilek-ravent reçeli

Yapım: YAKLAŞIK 6 (½-PT./250-ML) KAVANOZ

İÇİNDEKİLER:
- 4½ su bardağı (1,1 L) ¼ inç (,5 cm) kalın dilimlenmiş taze ravent
- ½ fincan (125 mL) taze portakal suyu (yaklaşık 2 ila 3 büyük portakal)
- 4 su bardağı olgun taze çilek
- 5 su bardağı (1,25 L) şeker
- 1 (3 ons/88,5 mL) poşet Sıvı Pektin

TALİMATLAR:
a) Ravent ve portakal suyunu 3 litrelik (3 L) paslanmaz çelik bir tencerede birleştirin. Örtün ve orta-yüksek ateşte kaynatın. Ortaya çıkarın, ısıyı azaltın ve sık sık karıştırarak 5 dakika veya ravent yumuşayana kadar pişirin.

b) Çilekleri yıkayın; sapları ve gövdeleri çıkarın ve atın. Çilekleri patates ezici ile eşit şekilde ezilene kadar ezin.

c) 2 su bardağı pişmiş ravent ve 1¾ su bardağı (425 mL) ezilmiş çileği 6 litre paslanmaz çelik veya emaye Hollanda fırınına ölçün. Şekeri karıştırın. Karışımı, sık sık karıştırarak, yüksek ateşte karıştırılamayan tam bir kaynama noktasına getirin.

d) Hemen tüm içeriği keseden sıkarak pektin ekleyin. Sürekli karıştırarak 1 dakika boyunca kaynatmaya devam edin. Ateşten alın. Gerekirse köpüğü alın.

e) Sıcak reçeli ¼ inç (,5 cm) üst boşluk bırakarak sıcak bir kavanoza koyun. Hava kabarcıklarını çıkarın. Kavanoz kenarını silin. Kavanozdaki kapağı ortalayın. Bandı uygulayın ve parmak ucunuzla sıkı olacak şekilde ayarlayın. Kavanozu kaynar su kabına yerleştirin. Tüm kavanozlar dolana kadar tekrarlayın.

f) Yüksekliğe göre ayarlayarak kavanozları 10 dakika işleyin. Isıyı kapatın; kapağı çıkarın ve kavanozları 5 dakika bekletin. Kavanozları çıkarın ve soğutun.

17. Nektarin ve vişne reçeli

Yapım: YAKLAŞIK 7 (½-PT./250-ML) KAVANOZ

İÇİNDEKİLER:
- 1½ lb. (750 gr) nektarin, çekirdeksiz ve ince kıyılmış
- 2 su bardağı doğranmış çekirdeksiz vişne
- 6 yemek kaşığı Klasik Pektin
- 2 yemek kaşığı şişelenmiş limon suyu
- 6 su bardağı (1,5 L) şeker

TALİMATLAR:
a) İlk 4 malzemeyi 4 litrelik (4-L) paslanmaz çelik veya emaye Hollanda fırınında birleştirin. Karışımı, sürekli karıştırarak, yüksek ateşte karıştırılamayan tam bir kaynama noktasına getirin.

b) Çözünmesi için karıştırarak şeker ekleyin. Karışımı tam kaynama noktasına getirin. Sürekli karıştırarak 1 dakika kaynatın. Ateşten alın. Gerekirse köpüğü alın.

c) Sıcak reçeli ¼ inç (,5 cm) üst boşluk bırakarak sıcak bir kavanoza koyun. Hava kabarcıklarını çıkarın. Kavanoz kenarını silin. Kavanozdaki kapağı ortalayın. Bandı uygulayın ve parmak ucunuzla sıkı olacak şekilde ayarlayın. Kavanozu kaynar su kabına yerleştirin. Tüm kavanozlar dolana kadar tekrarlayın.

d) Yüksekliğe göre ayarlayarak kavanozları 10 dakika işleyin. Isıyı kapatın; kapağı çıkarın ve kavanozları 5 dakika bekletin. Kavanozları çıkarın ve soğutun.

18. Düşük şekerli çilek-tekila agav reçeli

Yapım: YAKLAŞIK 4 (½-PT./250 ML) KAVANOZ

İÇİNDEKİLER:
- 5 su bardağı (1,25 L) doğranmış taze çilek
- ½ fincan (125 mL) tekila
- 5 yemek kaşığı (75 mL) Düşük veya Şekersiz Pektin
- 1 su bardağı (250 mL) agav şurubu

TALİMATLAR:

a) İlk 2 malzemeyi 4 litrelik (4-L) paslanmaz çelik veya emaye Hollanda fırınında birleştirin. Çilekleri patates ezici ile ezin.

b) Pektini karıştırın. Karışımı, sürekli karıştırarak, yüksek ateşte karıştırılamayan tam bir kaynama noktasına getirin.

c) Agave şurubunu karıştırın. Karışımı tam kaynama noktasına getirin. Sürekli karıştırarak 1 dakika kaynatın. Ateşten alın. Gerekirse köpüğü alın.

d) Sıcak reçeli ¼ inç (,5 cm) üst boşluk bırakarak sıcak bir kavanoza koyun. Hava kabarcıklarını çıkarın. Kavanoz kenarını silin. Kavanozdaki kapağı ortalayın. Bandı uygulayın ve parmak ucunuzla sıkı olacak şekilde ayarlayın. Kavanozu kaynar su kabına yerleştirin. Tüm kavanozlar dolana kadar tekrarlayın.

e) Yüksekliğe göre ayarlayarak kavanozları 10 dakika işleyin. Isıyı kapatın; kapağı çıkarın ve kavanozları 5 dakika bekletin. Kavanozları çıkarın ve soğutun.

19. çikolata-vişne reçeli

Yapım: YAKLAŞIK 6 (½-PT./250-ML) KAVANOZ

İÇİNDEKİLER:

- 6 su bardağı (1,5 L) taze veya dondurulmuş, çekirdekleri çıkarılmış koyu, tatlı kiraz, iri kıyılmış
- 6 yemek kaşığı Klasik Pektin
- ¼ bardak (60 mL) şişelenmiş limon suyu
- 6 su bardağı (1,5 L) şeker
- ⅔ fincan (150 mL) şekersiz kakao

TALİMATLAR:

a) İlk 3 malzemeyi 4 litrelik (4 L) paslanmaz çelik veya emaye Hollanda fırınında birleştirin. Karışımı, sürekli karıştırarak, yüksek ateşte karıştırılamayan tam bir kaynama noktasına getirin.

b) Bu arada şeker ve kakaoyu karışana kadar karıştırın; Kaynayan vişneli karışıma hepsini birden ekleyin. Karışımı tam kaynama noktasına getirin. Sürekli karıştırarak 1 dakika kaynatın. Ateşten alın. Gerekirse köpüğü alın.

c) Sıcak reçeli ¼ inç (,5 cm) üst boşluk bırakarak sıcak bir kavanoza koyun. Hava kabarcıklarını çıkarın. Kavanoz kenarını silin. Kavanozdaki kapağı ortalayın. Bandı uygulayın ve parmak ucunuzla sıkı olacak şekilde ayarlayın. Kavanozu kaynar su kabına yerleştirin. Tüm kavanozlar dolana kadar tekrarlayın.

d) Yüksekliğe göre ayarlayarak kavanozları 10 dakika işleyin. Isıyı kapatın; kapağı çıkarın ve kavanozları 5 dakika bekletin. Kavanozları çıkarın ve soğutun.

20. portakal-muz reçeli

Yapım: YAKLAŞIK 5 (½-PT./250-ML) KAVANOZ

İÇİNDEKİLER:
- 2 su bardağı posalı taze portakal suyu (yaklaşık 8 portakal)
- 1 su bardağı (250 mL) bal
- 3 yemek kaşığı (45 mL) şişelenmiş limon suyu
- 2 lb. (1 kg) çok olgun muz, soyulmuş ve doğranmış
- 1 vanilya çekirdeği, bölünmüş

TALİMATLAR:
a) İlk 4 malzemeyi 4 litrelik (4-L) paslanmaz çelik veya emaye Hollanda fırınında birleştirin. Vanilya fasulyesinden tohumları kazıyın; muz karışımına ekleyin. Sık sık karıştırarak orta ateşte yaklaşık 25 dakika jelleşme noktasına kadar pişirin.

b) Sıcak reçeli ¼ inç (,5 cm) üst boşluk bırakarak sıcak bir kavanoza koyun. Hava kabarcıklarını çıkarın. Kavanoz kenarını silin. Kavanozdaki kapağı ortalayın. Bandı uygulayın ve parmak ucunuzla sıkı olacak şekilde ayarlayın. Kavanozu kaynar su kabına yerleştirin. Tüm kavanozlar dolana kadar tekrarlayın.

c) Yüksekliğe göre ayarlayarak kavanozları 15 dakika işleyin. Isıyı kapatın; kapağı çıkarın ve kavanozları 5 dakika bekletin. Kavanozları çıkarın ve soğutun.

21. Kayısı-lavanta reçeli

Yapım: YAKLAŞIK 6 (½-PT./250-ML) KAVANOZ

İÇİNDEKİLER:
- 4 çay kaşığı (20 mL) kurutulmuş lavanta tomurcukları
- Tülbent
- Mutfak ipi
- 3 lb. kayısı, çekirdekleri çıkarılmış ve doğranmış (yaklaşık 6 bardak/1,5 L)
- 4 su bardağı şeker
- 3 yemek kaşığı (45 mL) şişelenmiş limon suyu

TALİMATLAR:

a) Lavanta tomurcuklarını 10 cm'lik (4 inçlik) bir tülbentin üzerine yerleştirin; mutfak ipi ile bağlayın.

b) Kayısıları geniş bir kaseye koyun; patates ezici ile ezilene kadar ezin. Şeker ve limon suyunu karıştırın; tülbent poşeti ekleyin, nemlenene kadar karıştırın. Örtün ve 4 saat veya gece boyunca soğutun.

c) Kayısı karışımını 6 litrelik paslanmaz çelik veya emaye Hollanda fırınına dökün. Orta ateşte, şeker eriyene kadar karıştırarak kaynatın. Isıyı orta-yüksek seviyeye yükseltin. Sürekli karıştırarak 45 dakika veya karışım koyulaşana ve bir şeker termometresi 220°F (104°C) kaydedene kadar pişirin. Ateşten alın. Tülbent torbayı çıkarın ve atın.

d) Sıcak reçeli ¼ inç (,5 cm) üst boşluk bırakarak sıcak bir kavanoza koyun. Hava kabarcıklarını çıkarın. Kavanoz kenarını silin. Kavanozdaki kapağı ortalayın. Bandı uygulayın ve parmak ucunuzla sıkı olacak şekilde ayarlayın. Kavanozu kaynar su kabına yerleştirin. Tüm kavanozlar dolana kadar tekrarlayın.

e) Yüksekliğe göre ayarlayarak kavanozları 10 dakika işleyin. Isıyı kapatın; kapağı çıkarın ve kavanozları 5 dakika bekletin. Kavanozları çıkarın ve soğutun.

22. İncir ve armut reçeli

Yapım: YAKLAŞIK 4 (½-PT./250 ML) KAVANOZ

İÇİNDEKİLER:
- 2 su bardağı (250 mL) doğranmış armut
- 2 su bardağı (250 mL) doğranmış taze incir
- 4 yemek kaşığı (60 mL) Klasik Pektin
- 2 yemek kaşığı şişelenmiş limon suyu
- 1 yemek kaşığı (15 mL) su
- 3 su bardağı (750 mL) şeker

TALİMATLAR:
a) Şeker hariç tüm malzemeleri 4 litrelik (4 L) paslanmaz çelik veya emaye Hollanda fırınında birleştirin. Karışımı, sürekli karıştırarak, yüksek ateşte karıştırılamayan tam bir kaynama noktasına getirin.
b) Çözünmesi için karıştırarak şeker ekleyin. Karışımı tam kaynama noktasına getirin. Sürekli karıştırarak 1 dakika kaynatın. Ateşten alın. Gerekirse köpüğü alın.
c) Sıcak reçeli ¼ inç (,5 cm) üst boşluk bırakarak sıcak bir kavanoza koyun. Kavanoz kenarını silin. Kavanozdaki kapağı ortalayın. Bandı uygulayın ve parmak ucunuzla sıkı olacak şekilde ayarlayın. Kavanozu kaynar su kabına yerleştirin. Tüm kavanozlar dolana kadar tekrarlayın.
d) Yüksekliğe göre ayarlayarak kavanozları 10 dakika işleyin. Isıyı kapatın; kapağı çıkarın ve kavanozları 5 dakika bekletin. Kavanozları çıkarın ve soğutun.

23. İncir, biberiye ve kırmızı şarap reçeli

Yapım: YAKLAŞIK 4 (½-PT./250-ML) KAVANOZ

İÇİNDEKİLER:
- 1½ su bardağı (375 mL) Merlot veya diğer meyveli kırmızı şarap
- 2 yemek kaşığı taze biberiye yaprağı
- 2 su bardağı ince kıyılmış taze incir
- 3 yemek kaşığı (45 mL) Klasik Pektin
- 2 yemek kaşığı şişelenmiş limon suyu
- 2½ su bardağı (625 mL) şeker

TALİMATLAR:

a) Şarap ve biberiyeyi küçük bir paslanmaz çelik veya emaye tencerede kaynama noktasına getirin. Isıyı kapatın; örtün ve 30 dakika demleyin.

b) Şarabı ince bir tel süzgeçten geçirerek 4 litrelik (4 L) paslanmaz çelik veya emaye tencereye dökün. Biberiye atın. İncir, pektin ve limon suyunu karıştırın. Karışımı, sürekli karıştırarak, yüksek ateşte karıştırılamayan tam bir kaynama noktasına getirin.

c) Çözünmesi için karıştırarak şeker ekleyin. Karışımı tam kaynama noktasına getirin. Sürekli karıştırarak 1 dakika kaynatın. Ateşten alın. Gerekirse köpüğü alın.

d) Sıcak reçeli ¼ inç (,5 cm) üst boşluk bırakarak sıcak bir kavanoza koyun. Hava kabarcıklarını çıkarın. Kavanoz kenarını silin. Kavanozdaki kapağı ortalayın. Bandı uygulayın ve parmak ucunuzla sıkı olacak şekilde ayarlayın. Kavanozu kaynar su kabına yerleştirin. Tüm kavanozlar dolana kadar tekrarlayın.

e) Yüksekliğe göre ayarlayarak kavanozları 10 dakika işleyin. Isıyı kapatın; kapağı çıkarın ve kavanozları 5 dakika bekletin. Kavanozları çıkarın ve soğutun.

24. kavun reçeli

Yapım: YAKLAŞIK 5 (½-PT./250-ML) KAVANOZ

İÇİNDEKİLER:
- 14 bardak (3,5 L) 1 inç (1 cm) kavun veya diğer turuncu etli kavun küpleri (yaklaşık 2 büyük kavun)
- ¼ fincan (60 mL) koşer tuzu
- 4 su bardağı şeker
- ¾ fincan (175 mL) şişelenmiş limon suyu
- 1 yemek kaşığı (15 mL) ezilmiş pembe karabiber (isteğe bağlı)

TALİMATLAR:

a) Kavun ve tuzu büyük bir kapta karıştırın. Örtün ve 2 saat bekletin. Boşaltmak; soğuk suyla durulayın. Boşaltmak.

b) 6-quart paslanmaz çelik veya emaye Hollandalı fırında kavun, şeker ve limon suyunu karıştırın. kaynatın; ısıyı azaltın ve üstü açık olarak 20 dakika veya kavun yumuşayana kadar pişirin. Kavun parçalarını patates ezici ile ezin. Kapağı açık, sık sık karıştırarak, jelleşme noktasına kadar yaklaşık 1 saat pişirin. (Kavunlar çok su bırakır, bu nedenle pişirme süresi değişebilir.) Gerekirse köpüğü alın ve istenirse karabiber ekleyin.

c) Sıcak reçeli ¼ inç (,5 cm) üst boşluk bırakarak sıcak bir kavanoza koyun. Hava kabarcıklarını çıkarın. Kavanoz kenarını silin. Kavanozdaki kapağı ortalayın. Bandı uygulayın ve parmak ucunuzla sıkı olacak şekilde ayarlayın. Kavanozu kaynar su kabına yerleştirin. Tüm kavanozlar dolana kadar tekrarlayın.

d) Yüksekliğe göre ayarlayarak kavanozları 15 dakika işleyin. Isıyı kapatın; kapağı çıkarın ve kavanozları 5 dakika bekletin. Kavanozları çıkarın ve soğutun.

25. Şeftali-biberiye reçeli

Yapım: YAKLAŞIK 6 (½-PT./250 ML) KAVANOZ

İÇİNDEKİLER:
- 2½ lb. (1,25 kg) taze şeftali (5 büyük)
- 1 çay kaşığı limon kabuğu rendesi
- 6 yemek kaşığı Klasik Pektin
- ¼ bardak (60 mL) taze limon suyu (yaklaşık 3 limon)
- 2 (4 inç/10 cm) biberiye dalı
- 5 su bardağı (1,25 L) şeker

TALİMATLAR:
a) Şeftalileri sebze soyacağı ile soyun. Çukurları çıkarın ve kabaca doğrayın. Patates ezici ile eşit şekilde ezilene kadar ezin. 6 litre paslanmaz çelik veya emaye Hollanda fırınına 4 bardak ezilmiş şeftali ölçün. Kireç kabuğu rendesini ve sonraki 3 malzemeyi karıştırın.

b) Karışımı, sürekli karıştırarak, yüksek ateşte karıştırılamayan tam bir kaynama noktasına getirin. Sürekli karıştırarak 1 dakika kaynatın.

c) Çözünmesi için karıştırarak şeker ekleyin. Karışımı tam kaynama noktasına getirin. Sürekli karıştırarak 1 dakika kaynatın. Ateşten alın. Biberiyeyi çıkarın ve atın. Gerekirse köpüğü alın.

d) Sıcak reçeli ¼ inç (,5 cm) üst boşluk bırakarak sıcak bir kavanoza koyun. Hava kabarcıklarını çıkarın. Kavanoz kenarını silin. Kavanozdaki kapağı ortalayın. Bandı uygulayın ve parmak ucunuzla sıkı olacak şekilde ayarlayın. Kavanozu kaynar su kabına yerleştirin. Tüm kavanozlar dolana kadar tekrarlayın.

e) Yüksekliğe göre ayarlayarak kavanozları 10 dakika işleyin. Isıyı kapatın; kapağı çıkarın ve kavanozları 5 dakika bekletin. Kavanozları çıkarın ve soğutun.

26. bal-armut reçeli

Yapım: YAKLAŞIK 5 (½-PT./250-ML) KAVANOZ

İÇİNDEKİLER:
- 3¼ lb. sert, olgun armutlar
- ½ su bardağı (125 mL) elma suyu
- 1 yemek kaşığı (15 mL) şişelenmiş limon suyu
- ½ çay kaşığı (2,5 mL) öğütülmüş tarçın
- 1 parça taze zencefil, soyulmuş ve ince rendelenmiş
- 6 yemek kaşığı Düşük veya Şekersiz Pektin
- ½ su bardağı (125 mL) bal

TALİMATLAR:
a) İlk 5 malzemeyi 6 litrelik paslanmaz çelik veya emaye Hollanda fırınında birleştirin. Kapaksız, orta ateşte 15 dakika veya armut yumuşayana kadar ara sıra karıştırarak pişirin. Armut karışımını bir patates ezici ile hafifçe ezin ve büyük parçaları kırın.
b) Pektini karıştırın. Karışımı, sürekli karıştırarak, yüksek ateşte karıştırılamayan tam bir kaynama noktasına getirin.
c) Balı karıştırın. Karışımı tam kaynama noktasına getirin. Sürekli karıştırarak 1 dakika kaynatın. Ateşten alın. Gerekirse köpüğü alın.
d) Sıcak reçeli ¼ inç (,5 cm) üst boşluk bırakarak sıcak bir kavanoza koyun. Hava kabarcıklarını çıkarın. Kavanoz kenarını silin. Kavanozdaki kapağı ortalayın. Bandı uygulayın ve parmak ucunuzla sıkı olacak şekilde ayarlayın. Kavanozu kaynar su kabına yerleştirin. Tüm kavanozlar dolana kadar tekrarlayın.
e) Yüksekliğe göre ayarlayarak kavanozları 10 dakika işleyin. Isıyı kapatın; kapağı çıkarın ve kavanozları 5 dakika bekletin. Kavanozları çıkarın ve soğutun.

27. elmalı turta reçeli

Yapım: YAKLAŞIK 5 (½-PT./250-ML) KAVANOZ

İÇİNDEKİLER:
- 6 su bardağı (1,5 L) doğranmış soyulmuş Granny Smith elması (yaklaşık 6 elma)
- 2 su bardağı elma suyu veya elma sirkesi
- 2 yemek kaşığı şişelenmiş limon suyu
- 3 yemek kaşığı (45 mL) Klasik Pektin
- 1 çay kaşığı öğütülmüş tarçın
- ½ çay kaşığı (2 mL) öğütülmüş yenibahar
- ¼ çay kaşığı (1 mL) öğütülmüş hindistan cevizi
- 2 su bardağı şeker

TALİMATLAR:

a) İlk 3 malzemeyi 6 litrelik paslanmaz çelik veya emaye Hollanda fırınında kaynatın; ısıyı azaltın ve üstü açık olarak 10 dakika veya elma yumuşayana kadar ara sıra karıştırarak pişirin.

b) Pektin ve sonraki 3 malzemeyi çırpın. Karışımı, sürekli karıştırarak, yüksek ateşte karıştırılamayan tam bir kaynama noktasına getirin.

c) Çözünmesi için karıştırarak şeker ekleyin. Karışımı tam kaynama noktasına getirin. Sürekli karıştırarak 1 dakika kaynatın. Ateşten alın. Gerekirse köpüğü alın.

d) Sıcak reçeli ¼ inç (,5 cm) üst boşluk bırakarak sıcak bir kavanoza koyun. Hava kabarcıklarını çıkarın. Kavanoz kenarını silin. Kavanozdaki kapağı ortalayın. Bandı uygulayın ve parmak ucunuzla sıkı olacak şekilde ayarlayın. Kavanozu kaynar su kabına yerleştirin. Tüm kavanozlar dolana kadar tekrarlayın.

e) Yüksekliğe göre ayarlayarak kavanozları 10 dakika işleyin. Isıyı kapatın; kapağı çıkarın ve kavanozları 5 dakika bekletin. Kavanozları çıkarın ve soğutun.

28. Şeftali-burbon reçeli

Yapım: YAKLAŞIK 6 (½-PT./250-ML) KAVANOZ

İÇİNDEKİLER:
- 4 lb. (2 kg) taze şeftali, soyulmuş
- 6 yemek kaşığı Klasik Pektin
- ¼ bardak (60 mL) şişelenmiş limon suyu
- ¼ fincan (60 mL) burbon
- 2 yemek kaşığı ince kıyılmış kristalize zencefil
- 7 su bardağı (1,75 L) şeker

TALİMATLAR:
a) Şeftalilerin çekirdeklerini çıkarıp iri iri doğrayın. 4½ fincan (1,1 L) doğranmış şeftalileri 6-litrelik paslanmaz çelik veya emaye Hollanda fırınına ölçün ve eşit şekilde ezilene kadar bir patates ezici ile ezin. Pektin ve sonraki 3 malzemeyi karıştırın.

b) Karışımı, sürekli karıştırarak, yüksek ateşte karıştırılamayan tam bir kaynama noktasına getirin.

c) Çözünmesi için karıştırarak şeker ekleyin. Karışımı tam kaynama noktasına getirin. Sürekli karıştırarak 1 dakika kaynatın. Ateşten alın. Gerekirse köpüğü alın.

d) Sıcak reçeli ¼ inç (,5 cm) üst boşluk bırakarak sıcak bir kavanoza koyun. Hava kabarcıklarını çıkarın. Kavanoz kenarını silin. Kavanozdaki kapağı ortalayın. Bandı uygulayın ve parmak ucunuzla sıkı olacak şekilde ayarlayın. Kavanozu kaynar su kabına yerleştirin. Tüm kavanozlar dolana kadar tekrarlayın.

e) Yüksekliğe göre ayarlayarak kavanozları 10 dakika işleyin. Isıyı kapatın; kapağı çıkarın ve kavanozları 5 dakika bekletin. Kavanozları çıkarın ve soğutun.

29. Düşük şekerli ahududu "limonata" reçeli

Yapım: YAKLAŞIK 6 (½-PT./250-ML) KAVANOZ

İÇİNDEKİLER:
- 3½ lb. (1,6 kg) taze ahududu
- ½ bardak (125 mL) taze limon suyu (yaklaşık 5 limon)
- 4 yemek kaşığı (60 mL) Düşük veya Şekersiz Pektin
- 1½ su bardağı (375 mL) bal

TALİMATLAR:
a) Ahududuları 6 litrelik paslanmaz çelik veya emaye Hollanda fırınına koyun. Ahududuları patates ezici ile ezin.

b) Limon suyu ve pektini karıştırın. Karışımı, sürekli karıştırarak, yüksek ateşte karıştırılamayan tam bir kaynama noktasına getirin.

c) Balı karıştırın. Karışımı tam kaynama noktasına getirin. Sürekli karıştırarak 1 dakika kaynatın. Ateşten alın. Gerekirse köpüğü alın.

d) Sıcak reçeli sıcak bir kavanoza doldurun ve üstte ¼ inç (,5 mL) boşluk bırakın. Hava kabarcıklarını çıkarın. Kavanoz kenarını silin. Kavanozdaki kapağı ortalayın. Bandı uygulayın ve parmak ucunuzla sıkı olacak şekilde ayarlayın. Kavanozu kaynar su kabına yerleştirin. Tüm kavanozlar dolana kadar tekrarlayın.

e) Yüksekliğe göre ayarlayarak kavanozları 10 dakika işleyin. Isıyı kapatın; kapağı çıkarın ve kavanozları 5 dakika bekletin. Kavanozları çıkarın ve soğutun.

30. Domates-bitki reçeli

Yapım: YAKLAŞIK 4 (½-PT./250-ML) KAVANOZ

İÇİNDEKİLER:
- 6 lb. (3 kg) erik domates, özlü ve doğranmış
- 1 çay kaşığı tuz
- ½ çay kaşığı (2 mL) taze çekilmiş karabiber
- 3 diş sarımsak, kıyılmış
- 2 defne yaprağı
- 1½ su bardağı (375 mL) şeker
- ½ su bardağı (125 mL) balzamik sirke
- ¼ fincan (60 mL) sek beyaz şarap
- 2 çay kaşığı (10 mL) Provence bitkisi

TALİMATLAR:
a) İlk 5 malzemeyi 6 litrelik paslanmaz çelik veya emaye Hollanda fırınında birleştirin. Açık, orta-yüksek ateşte 1 saat veya yarı yarıya azalana kadar sık sık karıştırarak pişirin.

b) Şekeri ve sonraki 3 malzemeyi karıştırın. Açık, orta ateşte 45 dakika veya çok kalın olana kadar ara sıra karıştırarak pişirin. Defne yapraklarını çıkarın ve atın.

c) ¼ inç (,5 mL) üst boşluk bırakarak sıcak reçeli sıcak bir kavanoza koyun. Hava kabarcıklarını çıkarın. Kavanoz kenarını silin. Kavanozdaki kapağı ortalayın. Bandı uygulayın ve parmak ucunuzla sıkı olacak şekilde ayarlayın. Kavanozu kaynar su kabına yerleştirin. Tüm kavanozlar dolana kadar tekrarlayın.

d) Yüksekliğe göre ayarlayarak kavanozları 10 dakika işleyin. Isıyı kapatın; kapağı çıkarın ve kavanozları 5 dakika bekletin. Kavanozları çıkarın ve soğutun.

31. Kabak-ekmek reçeli

Yapım: YAKLAŞIK 4 (½-PT./250-ML) KAVANOZ

İÇİNDEKİLER:
- 4 su bardağı rendelenmiş kabak
- 1 su bardağı (250 mL) elma suyu
- 6 yemek kaşığı Klasik Pektin
- ¼ su bardağı (60 mL) altın kuru üzüm
- 1 yemek kaşığı (15 mL) şişelenmiş limon suyu
- 1 çay kaşığı öğütülmüş tarçın
- ½ çay kaşığı (2 mL) öğütülmüş hindistan cevizi
- 3 su bardağı (750 mL) şeker

TALİMATLAR:

a) Şeker hariç tüm malzemeleri 6 litrelik paslanmaz çelik veya emaye Hollanda fırınında birleştirin. Karışımı, sürekli karıştırarak, yüksek ateşte karıştırılamayan tam bir kaynama noktasına getirin.

b) Çözünmesi için karıştırarak şeker ekleyin. Karışımı tam kaynama noktasına getirin. Sürekli karıştırarak 1 dakika kaynatın. Ateşten alın. Gerekirse köpüğü alın.

c) Sıcak reçeli ¼ inç (,5 cm) üst boşluk bırakarak sıcak bir kavanoza koyun. Hava kabarcıklarını çıkarın. Kavanoz kenarını silin. Kavanozdaki kapağı ortalayın. Bandı uygulayın ve parmak ucunuzla sıkı olacak şekilde ayarlayın. Kavanozu kaynar su kabına yerleştirin. Tüm kavanozlar dolana kadar tekrarlayın.

d) Yüksekliğe göre ayarlayarak kavanozları 15 dakika işleyin. Isıyı kapatın; kapağı çıkarın ve kavanozları 5 dakika bekletin. Kavanozları çıkarın ve soğutun.

32. Berry-ale reçeli

Yapım: YAKLAŞIK 6 (½-PT./250-ML) KAVANOZ

İÇİNDEKİLER:
- 2 su bardağı ahududu, yaban mersini veya çilek
- 2 şişe düz pale ale
- 6 yemek kaşığı Klasik Pektin
- 1 çay kaşığı limon kabuğu rendesi
- 2 yemek kaşığı taze limon suyu
- 4 su bardağı şeker

TALİMATLAR:
a) Çilekleri 6 litrelik paslanmaz çelik veya emaye Hollanda fırınına koyun. Çilekleri patates ezici ile ezin. Ale ve sonraki 3 malzemeyi karıştırın. Karışımı, sürekli karıştırarak, yüksek ateşte karıştırılamayan tam bir kaynama noktasına getirin.

b) Çözünmesi için karıştırarak şeker ekleyin. Karışımı tam kaynama noktasına getirin. Sürekli karıştırarak 1 dakika kaynatın. Ateşten alın. Gerekirse köpüğü alın.

c) Sıcak reçeli ¼ inç (,5 cm) üst boşluk bırakarak sıcak bir kavanoza koyun. Hava kabarcıklarını çıkarın. Kavanoz kenarını silin. Kavanozdaki kapağı ortalayın. Bandı uygulayın ve parmak ucunuzla sıkı olacak şekilde ayarlayın. Kavanozu kaynar su kabına yerleştirin. Tüm kavanozlar dolana kadar tekrarlayın.

d) Yüksekliğe göre ayarlayarak kavanozları 10 dakika işleyin. Isıyı kapatın; kapağı çıkarın ve kavanozları 5 dakika bekletin. Kavanozları çıkarın ve soğutun.

33. Düşük şekerli elma-şili reçeli

Yapım: YAKLAŞIK 5 (½-PT./250-ML) KAVANOZ

İÇİNDEKİLER:
- Soyulmuş ve rendelenmiş 2 büyük elma (her biri yaklaşık 480 g)
- 3 yemek kaşığı (45 mL) şişelenmiş limon suyu
- 4 bardak elma suyu
- 3 yemek kaşığı (45 mL) Düşük veya Şekersiz Pektin
- 1 yemek kaşığı (15 mL) ezilmiş chile de árbol veya kurutulmuş ezilmiş kırmızı biber
- ½ su bardağı (125 mL) şeker
- ½ su bardağı (125 mL) bal

TALİMATLAR:
a) Rendelenmiş elma ve limon suyunu 4 litrelik (4 L) paslanmaz çelik veya emaye Hollanda fırınında birleştirin. Sürekli karıştırarak 10 dakika veya elma yumuşayana kadar pişirin.

b) Elma suyu, pektin ve ezilmiş chile de árbol'u karıştırın. Karışımı, sürekli karıştırarak, yüksek ateşte karıştırılamayan tam bir kaynama noktasına getirin.

c) Şekeri ve balı ekleyin, şekeri eritmek için karıştırın. Karışımı tam kaynama noktasına getirin. Sürekli karıştırarak 1 dakika kaynatın. Ateşten alın. Gerekirse köpüğü alın.

d) Sıcak reçeli ¼ inç (,5 cm) üst boşluk bırakarak sıcak bir kavanoza koyun. Hava kabarcıklarını çıkarın. Kavanoz kenarını silin. Kavanozdaki kapağı ortalayın. Bandı uygulayın ve parmak ucunuzla sıkı olacak şekilde ayarlayın. Kavanozu kaynar su kabına yerleştirin. Tüm kavanozlar dolana kadar tekrarlayın.

e) Yüksekliğe göre ayarlayarak kavanozları 10 dakika işleyin. Isıyı kapatın; kapağı çıkarın ve kavanozları 5 dakika bekletin. Kavanozları çıkarın ve soğutun.

34. balzamik-soğan reçeli

Yapım: YAKLAŞIK 5 (½-PT./250-ML) KAVANOZ

İÇİNDEKİLER:
- 2 lb. (1 kg) soğan, doğranmış
- ½ su bardağı (125 mL) balzamik sirke
- ½ su bardağı (125 mL) akçaağaç şurubu
- 1½ çay kaşığı (7,5 mL) tuz
- 2 çay kaşığı (10 mL) öğütülmüş beyaz biber
- 1 defne yaprağı
- 2 bardak elma suyu
- 3 yemek kaşığı (45 mL) Düşük veya Şekersiz Pektin
- ½ su bardağı (125 mL) şeker

TALİMATLAR:
a) İlk 6 malzemeyi 6 litrelik paslanmaz çelik veya emaye Hollanda fırınında birleştirin. Orta ateşte 15 dakika veya soğanlar yarı saydam olana kadar ara sıra karıştırarak pişirin.

b) Elma suyu ve pektini karıştırın. Karışımı, sürekli karıştırarak, yüksek ateşte karıştırılamayan tam bir kaynama noktasına getirin.

c) Çözünmesi için karıştırarak şeker ekleyin. Karışımı tam kaynama noktasına getirin. Sürekli karıştırarak 1 dakika kaynatın. Ateşten alın. Defne yaprağını çıkarın ve atın. Gerekirse köpüğü alın.

d) Sıcak reçeli ¼ inç (,5 cm) üst boşluk bırakarak sıcak bir kavanoza koyun. Hava kabarcıklarını çıkarın. Kavanoz kenarını silin. Kavanozdaki kapağı ortalayın. Bandı uygulayın ve parmak ucunuzla sıkı olacak şekilde ayarlayın. Kavanozu kaynar su kabına yerleştirin. Tüm kavanozlar dolana kadar tekrarlayın.

e) Yüksekliğe göre ayarlayarak kavanozları 15 dakika işleyin. Isıyı kapatın; kapağı çıkarın ve kavanozları 5 dakika bekletin. Kavanozları çıkarın ve soğutun.

35. yaban mersini-limon reçeli

Yapım: YAKLAŞIK 4 (½-PT./250-ML) KAVANOZ

İÇİNDEKİLER:
- 4 su bardağı taze yaban mersini
- 3½ su bardağı (1,6 L) şeker
- 1 çay kaşığı limon kabuğu rendesi
- 1 yemek kaşığı (15 mL) taze limon suyu
- 1 (3 ons/88,5 mL) poşet Sıvı Pektin

TALİMATLAR:
a) Yaban mersini yıkayın, süzün ve bir kaşıkla hafifçe ezin (kabuğu ayırmaya yetecek kadar). 2½ su bardağı (625 mL) ezilmiş yaban mersini 6 litre paslanmaz çelik veya emaye Hollanda fırınına ölçün.
b) Şeker ve sonraki 2 malzemeyi ekleyin. Karışımı, sürekli karıştırarak, yüksek ateşte karıştırılamayan tam bir kaynama noktasına getirin.
c) Hemen tüm içeriği keseden sıkarak pektin ekleyin. Sürekli karıştırarak 1 dakika boyunca kaynatmaya devam edin. Ateşten alın. Gerekirse köpüğü alın.
d) Sıcak karışımı, ¼ inç (,5 cm) üst boşluk bırakarak sıcak bir kavanoza doldurun. Hava kabarcıklarını çıkarın. Kavanoz kenarını silin. Kavanozdaki kapağı ortalayın. Bandı uygulayın ve parmak ucunuzla sıkı olacak şekilde ayarlayın. Kavanozu kaynar su kabına yerleştirin. Tüm kavanozlar dolana kadar tekrarlayın.
e) Yüksekliğe göre ayarlayarak kavanozları 10 dakika işleyin. Isıyı kapatın; kapağı çıkarın ve kavanozları 5 dakika bekletin. Kavanozları çıkarın ve soğutun.

36. elma reçeli

İÇİNDEKİLER:
- 2 bardak soyulmuş, özlü ve doğranmış armut
- 1 bardak soyulmuş, özlü ve doğranmış elma
- 6½ su bardağı şeker
- ¼ çay kaşığı öğütülmüş tarçın
- ⅓ bardak şişelenmiş limon suyu
- 6 ons sıvı pektin

TALİMATLAR:
a) Büyük bir tencerede elma ve armutları ezin ve tarçınla karıştırın.

b) Şeker ve limon suyunu meyvelerle iyice karıştırın ve yüksek ateşte sürekli karıştırarak kaynatın. Hemen pektini karıştırın. Tam bir kaynama noktasına getirin ve sürekli karıştırarak 1 dakika kaynatın.

c) Ateşten alın, köpüğü hızlıca alın ve ¼ inç boşluk bırakarak steril kavanozları doldurun. Kavanozların kenarlarını nemlendirilmiş temiz bir kağıt havluyla silin.

d) Kapakları ayarlayın ve işleyin.

37. çilek-ravent jöle

İÇİNDEKİLER:
- 1½ pound kırmızı ravent sapları
- 1½ litre olgun çilek
- Köpürmeyi azaltmak için ½ çay kaşığı tereyağı veya margarin
- 6 su bardağı şeker
- 6 ons sıvı pektin

TALİMATLAR:
a) Raventi yıkayın ve 1 inçlik parçalar halinde kesin ve karıştırın veya öğütün. Bir tencerede her seferinde bir katman olmak üzere çilekleri yıkayın, saplayın ve ezin.

b) Her iki meyveyi de bir jöle torbasına veya çift kat tülbente koyun ve suyunu hafifçe sıkın. Büyük bir tencereye 3-½ su bardağı suyu ölçün. Tereyağı ve şekeri ekleyin, meyve suyuna iyice karıştırın.

c) Sürekli karıştırarak yüksek ateşte kaynatın. Hemen pektini karıştırın. Tam bir kaynama noktasına getirin ve sürekli karıştırarak 1 dakika kaynatın.

d) Ateşten alın, köpüğü hızlıca alın ve ¼ inç boşluk bırakarak steril kavanozları doldurun. Kavanozların kenarlarını nemlendirilmiş temiz bir kağıt havluyla silin.

e) Kapakları ayarlayın ve işleyin.

38. yaban mersini-baharat reçeli

İÇİNDEKİLER:

- 2-½ pint olgun yaban mersini
- 1 yemek kaşığı limon suyu
- ½ çay kaşığı öğütülmüş hindistan cevizi veya tarçın
- 5-½ su bardağı şeker
- ¾ bardak su
- 1 kutu (1-¾ ons) toz pektin

TALİMATLAR:

a) Yaban mersini yıkayın ve bir tencerede her seferinde bir kat olacak şekilde iyice ezin. Limon suyu, baharat ve suyu ekleyin. Pektini ilave edin ve sık sık karıştırarak yüksek ateşte tam bir kaynama noktasına getirin.

b) Şekeri ekleyin ve tam kaynama noktasına geri dönün. Sürekli karıştırarak 1 dakika kaynatın.

c) Ateşten alın, köpüğü hızlıca alın ve ¼ inç boşluk bırakarak steril kavanozları doldurun. Kavanozların kenarlarını nemlendirilmiş temiz bir kağıt havluyla silin.

d) Kapakları ayarlayın ve işleyin.

39. Üzüm-erik jölesi

İÇİNDEKİLER:

- 3-½ pound olgun erik
- 3 kilo olgun Concord üzümü
- 1 su bardağı su
- Köpürmeyi azaltmak için ½ çay kaşığı tereyağı veya margarin (isteğe bağlı)
- 8-½ su bardağı şeker
- 1 kutu (1-¾ ons) toz pektin

TALİMATLAR:

a) Erikleri yıkayın ve çekirdeklerini çıkarın; soymayın. Erikleri ve üzümleri su dolu bir tencerede teker teker iyice ezin. Kaynatın, örtün ve 10 dakika pişirin.

b) Suyu bir jöle torbasından veya çift kat tülbentten süzün. Şekeri ölçün ve bir kenara koyun.

c) 6-½ su bardağı suyu büyük bir tencerede tereyağı ve pektinle birleştirin. Sürekli karıştırarak yüksek ateşte sert bir kaynamaya getirin. Şekeri ekleyin ve tam kaynama noktasına geri dönün. Sürekli karıştırarak 1 dakika kaynatın.

d) Ateşten alın, köpüğü hızlıca alın ve ¼ inç boşluk bırakarak steril kavanozları doldurun. Kavanozların kenarlarını nemlendirilmiş temiz bir kağıt havluyla silin.

e) Kapakları ayarlayın ve işleyin.

40. Altın biber jölesi

İÇİNDEKİLER:

- 5 su bardağı doğranmış sarı dolmalık biber
- ½ su bardağı kıyılmış Serrano şili biberi
- 1½ su bardağı beyaz damıtılmış sirke (%5)
- 5 su bardağı şeker
- 1 poşet (3 ons) sıvı pektin

TALİMATLAR:

a) Bütün biberleri iyice yıkayın; biberlerin saplarını ve çekirdeklerini çıkarın. Tatlı ve acı biberleri bir blender veya mutfak robotuna koyun.

b) Biberleri püre haline getirmek için yeterince sirke ekleyin, ardından püre haline getirin. Biber-sirke püresini ve kalan sirkeyi 8 veya 10 litrelik bir tencereye birleştirin. Kaynayana kadar ısıtın; daha sonra tatları ve rengi çıkarmak için 10 dakika kaynatın.

c) Ateşten alın ve bir jöle torbasından bir kaseye süzün. (Jöle torbası tercih edilir; birkaç kat tülbent de kullanılabilir.)

d) 2-¼ su bardağı süzülmüş biber-sirke suyunu tekrar tencereye alın. Eriyene kadar şekeri karıştırın ve karışımı tekrar kaynatın. Pektini ekleyin, tekrar tam kaynama noktasına getirin ve sürekli karıştırarak 1 dakika kaynatın.

e) Ateşten alın, köpüğü hızlıca alın ve ¼ inç boşluk bırakarak steril kavanozlara doldurun. Kavanozların kenarlarını nemlendirilmiş temiz bir kağıt havluyla silin.

f) Kapakları ayarlayın ve işleyin.

41. Şeftali-ananas Reçeli

İÇİNDEKİLER:
- 4 su bardağı süzülmüş şeftali posası
- 2 su bardağı süzülmüş şekersiz ezilmiş ananas
- ¼ fincan şişelenmiş limon suyu
- 2 su bardağı şeker (isteğe bağlı)

TALİMATLAR:
a) 4 ila 6 pound sert, olgun şeftaliyi iyice yıkayın. İyice süzün. Çukurları soyun ve çıkarın. Meyve etini orta veya kalın bir bıçakla öğütün veya çatalla ezin (blender kullanmayın).

b) Öğütülmüş veya ezilmiş meyveyi 2 litrelik bir tencereye koyun. Meyve yumuşayana kadar sürekli karıştırarak suyunu salması için yavaşça ısıtın.

c) Pişmiş meyveyi dört kat tülbentle kaplı bir jöle torbasına veya süzgecine koyun. Suyun yaklaşık 15 dakika damlamasına izin verin. Suyu jöle veya diğer kullanımlar için saklayın.

d) Yaymak için 4 bardak süzülmüş meyve posası ölçün. 4 litre posa, ananas ve limon suyunu 4 litrelik bir tencerede birleştirin. Dilerseniz 2 su bardağı kadar şeker ekleyin ve iyice karıştırın. Yapışmayı önlemek için yeterince karıştırarak 10 ila 15 dakika hafifçe ısıtın ve kaynatın.

e) ¼ inç boşluk bırakarak sıcak kavanozları hızla doldurun. Kavanozların kenarlarını nemlendirilmiş temiz bir kağıt havluyla silin.

f) Kapakları ayarlayın ve işleyin.

42. Soğutulmuş elma reçeli

MALZEMELER:

- 2 yemek kaşığı tatlandırılmamış jelatin tozu
- 1 litrelik şişe şekersiz elma suyu
- 2 yemek kaşığı şişelenmiş limon suyu
- 2 yemek kaşığı sıvı düşük kalorili tatlandırıcı
- İstenirse gıda boyası

TALİMATLAR:

a) Bir tencerede elma ve limon sularındaki jelatini yumuşatın. Jelatini eritmek için tam kaynama noktasına getirin ve 2 dakika kaynatın. Ateşten alın. İsterseniz tatlandırıcı ve gıda boyasını karıştırın.

b) ¼ inç boşluk bırakarak kavanozları doldurun. Kavanozların kenarlarını nemlendirilmiş temiz bir kağıt havluyla silin. Kapakları ayarlayın. İşleme yapmayın veya dondurmayın.

c) Buzdolabında saklayın ve 4 hafta içinde kullanın.

43. Buzdolabında Üzüm Reçeli

İÇİNDEKİLER:

- 2 yemek kaşığı tatlandırılmamış jelatin tozu
- 1 şişe (24 ons) şekersiz üzüm suyu
- 2 yemek kaşığı şişelenmiş limon suyu
- 2 yemek kaşığı sıvı düşük kalorili tatlandırıcı

TALİMATLAR:

a) Bir tencerede üzüm ve limon sularındaki jelatini yumuşatın. Jelatini çözmek için tam bir kaynama noktasına getirin. 1 dakika kaynatın ve ocaktan alın. Tatlandırıcıyı karıştırın.

b) ¼ inç boşluk bırakarak sıcak kavanozları hızla doldurun. Kavanozların kenarlarını nemlendirilmiş temiz bir kağıt havluyla silin.

c) Kapakları ayarlayın. İşleme yapmayın veya dondurmayın.

d) Buzdolabında saklayın ve 4 hafta içinde kullanın.

44. Toz Pektinli Vişne Jölesi

İÇİNDEKİLER:
- 3 ½ su bardağı vişne suyu
- 1 paket toz pektin
- 4 ½ su bardağı şeker

TALİMATLAR:

a) Meyve suyu hazırlamak için. Tamamen olgunlaşmış kirazları seçin. Sapları ayırın, yıkayın ve çıkarın; Çukur yapma. Kirazları ezin, su ekleyin, örtün, yüksek ateşte kaynatın. Isıyı azaltın ve 10 dakika pişirin. Suyu çıkarın.

b) Jöle yapmak için. Suyu bir su ısıtıcısına ölçün. Pektin ekleyin ve iyice karıştırın. Yüksek ısıya koyun ve sürekli karıştırarak, karıştırılamayacak kadar tam bir kaynama noktasına getirin.

c) Şeker ekleyin, karıştırmaya devam edin ve tekrar tam kaynayana kadar ısıtın. 1 dakika boyunca iyice kaynatın.

d) Ateşten alın; köpüğü hızlıca çıkarın. Jöleyi sıcak, steril konserve kavanozlarına üstten ¼ inç gelecek şekilde dökün. Kapatın ve kaynar su banyosunda 5 dakika işleyin.

45. Toz Pektinli Vişne Reçeli

İÇİNDEKİLER:
- 4 su bardağı çekirdekleri çıkarılmış vişne
- 1 paket toz pektin
- 5 su bardağı şeker

TALİMATLAR:
a) Meyve hazırlamak için. Tamamen olgunlaşmış kirazları ayırın ve yıkayın; sapları ve çukurları çıkarın. Kirazları öğütün veya ince doğrayın.

b) Reçel yapmak için. Önceden soyulmuş kirazları bir su ısıtıcısına ölçün. Pektin ekleyin ve iyice karıştırın. Yüksek ısıya koyun ve sürekli karıştırarak, tüm yüzey üzerinde kabarcıklar olacak şekilde hızlı bir şekilde tam kaynama noktasına getirin.

c) Şekeri ekleyin, karıştırmaya devam edin ve tam köpürene kadar tekrar ısıtın. Sürekli karıştırarak 1 dakika kaynatın. Ateşten alın; sıyırmak.

d) Hemen sıcak, steril konserve kavanozlarına üstten ¼ inç gelecek şekilde dökün. Kapatın ve kaynar su banyosunda 5 dakika işleyin.

46. Sıvı Pektinli İncir Reçeli

İÇİNDEKİLER:
- 4 su bardağı ezilmiş incir (yaklaşık 3 pound incir)
- ½ su bardağı limon suyu
- 7 ½ su bardağı şeker
- ½ Şişe Sıvı Pektin

TALİMATLAR:
a) Meyve hazırlamak için. Tamamen olgunlaşmış incirleri ayırın ve yıkayın; kök uçlarını çıkarın. Meyveleri ezin veya öğütün.

b) Reçel yapmak için. Ezilmiş incirleri ve limon suyunu bir su ısıtıcısına koyun. Şeker ekleyin ve iyice karıştırın. Yüksek ısıya koyun ve sürekli karıştırarak, tüm yüzey üzerinde kabarcıklar olacak şekilde hızlı bir şekilde tam kaynama noktasına getirin. Sürekli karıştırarak 1 dakika kaynatın.

c) Ateşten alın. Pektini karıştırın. Köpüğü hızlıca alın. Hemen sıcak, steril konserve kavanozlarına üstten ¼ inç gelecek şekilde dökün. Kapatın ve kaynar su banyosunda 5 dakika işleyin.

47. Toz Pektinli Üzüm Jölesi

İÇİNDEKİLER:

- 5 su bardağı üzüm suyu
- 1 paket toz pektin
- 7 su bardağı şeker

TALİMATLAR:

a) Meyve suyu hazırlamak için. Tamamen olgunlaşmış üzümlerin saplarını ayıklayın, yıkayın ve çıkarın. Üzümleri ezin, su ekleyin, örtün ve yüksek ateşte kaynatın. Isıyı azaltın ve 10 dakika pişirin. Suyu çıkarın.

b) Jöle yapmak için. Suyu bir su ısıtıcısına ölçün. Pektin ekleyin ve iyice karıştırın. Yüksek ısıya koyun ve sürekli karıştırarak, karıştırılamayacak kadar tam bir kaynama noktasına getirin.

c) Şeker ekleyin, karıştırmaya devam edin ve tekrar tam bir kaynama noktasına getirin. 1 dakika boyunca iyice kaynatın.

d) Ateşten alın; köpüğü hızlıca çıkarın. Jöleyi hemen sıcak, steril konserve kavanozlarına üstten ¼ inç gelecek şekilde dökün. Kaynar su banyosunda 5 dakika kapatın ve işleyin.

48. Sıvı Pektinli Nane-Ananas Reçeli

İÇİNDEKİLER:

- Bir 20 ons ezilmiş ananas ¾ bardak su
- ¼ fincan limon suyu
- 7 ½ su bardağı şeker
- 1 Şişe Sıvı Pektin ½ çay kaşığı nane özü Birkaç damla yeşil boya

TALİMATLAR:

a) Ezilmiş ananası bir su ısıtıcısına koyun. Su, limon suyu ve şekeri ekleyin. İyice karıştırın.

b) Yüksek ısıya koyun ve sürekli karıştırarak, tüm yüzey üzerinde kabarcıklar olacak şekilde hızlı bir şekilde tam kaynama noktasına getirin. Sürekli karıştırarak 1 dakika kaynatın. Ateşten alın; pektin, lezzet özü ve renklendirici ekleyin. Sıyırmak.

c) Hemen sıcak, steril konserve kavanozlarına üstten ¼ inç gelecek şekilde dökün. Kapatın ve kaynar su banyosunda 5 dakika işleyin.

49. Sıvı Pektinli Karışık Meyve Jölesi

İÇİNDEKİLER:
- 2 bardak kızılcık suyu
- 2 su bardağı ayva suyu
- 1 su bardağı elma suyu
- 7 ½ su bardağı şeker
- ½ Şişe Sıvı Pektin

TALİMATLAR:

a) Meyve hazırlamak için. Tamamen olgun kızılcıkları ayırın ve yıkayın. Su ekleyin, örtün ve yüksek ateşte kaynatın. Isıyı azaltın ve 20 dakika pişirin. Suyu çıkarın.

b) Ayvaları ayıklayıp yıkayın. Gövde ve çiçek uçlarını çıkarın; eşleme veya çekirdek yapmayın. Çok ince dilimleyin veya küçük parçalar halinde kesin. Su ekleyin, örtün ve yüksek ateşte kaynatın. Isıyı azaltın ve 25 dakika pişirin. Suyu çıkarın.

c) Elmaları sıralayın ve yıkayın. Gövde ve çiçek uçlarını çıkarın; eşleme veya çekirdek yapmayın. Küçük parçalar halinde kesin. Su ekleyin, örtün ve yüksek ateşte kaynatın. Isıyı azaltın ve 20 dakika pişirin. Suyu çıkarın.

d) Jöle yapmak için. Suları bir su ısıtıcısına ölçün. Şekeri karıştırın. Yüksek ısıya koyun ve sürekli karıştırarak, hızla karıştırılamayan tam, yuvarlanan bir kaynama noktasına getirin.

e) Pektin ekleyin ve tam, yuvarlanan bir kaynamaya geri dönün. 1 dakika boyunca iyice kaynatın.

f) Ateşten alın; köpüğü hızlıca çıkarın. Jöleyi hemen sıcak, steril konserve kavanozlarına üstten ¼ inç gelecek şekilde dökün. Kapatın ve kaynar su banyosunda 5 dakika işleyin.

Yapar: dokuz veya on 8 onsluk kavanoz.

50. Portakallı Jöle

Yapar: 4 veya 5 yarım litrelik kavanozlar.

İÇİNDEKİLER:
- 3 ¼ su bardağı şeker
- 1 su bardağı su
- 3 yemek kaşığı limon suyu ½ Şişe Sıvı Pektin
- Bir 6 onsluk kutu (¾ fincan) dondurulmuş konsantre portakal suyu

TALİMATLAR:
a) Şekeri suya karıştırın. Yüksek ısıya koyun ve sürekli karıştırarak, hızla karıştırılamayan tam, yuvarlanan bir kaynama noktasına getirin.

b) Limon suyu ekleyin. 1 dakika boyunca iyice kaynatın.

c) Ateşten alın. Pektini karıştırın. Çözülmüş konsantre portakal suyunu ekleyin ve iyice karıştırın.

d) Jöleyi hemen sıcak, steril konserve kavanozlarına üstten ¼ inç gelecek şekilde dökün. Kaynar su banyosunda 5 dakika kapatın ve işleyin.

51. Baharatlı Portakallı Jöle

Yapar: 4 adet yarım litrelik kavanoz.

İÇİNDEKİLER:
- 2 bardak portakal suyu
- ⅓ su bardağı limon suyu
- ⅔ su bardağı su
- 1 paket toz pektin
- 2 yemek kaşığı portakal kabuğu, doğranmış
- 1 çay kaşığı bütün yenibahar
- ½ çay kaşığı bütün karanfil
- 4 çubuk tarçın, 2 inç uzunluğunda
- 3 ½ su bardağı şeker

TALİMATLAR:
a) Büyük bir tencerede portakal suyu, limon suyu ve suyu karıştırın.
b) Pektini karıştırın.
c) Temiz beyaz bir beze portakal kabuğu, yenibahar, karanfil ve tarçın çubuklarını gevşek bir şekilde yerleştirin, bir iple bağlayın ve meyve karışımını ekleyin.
d) Yüksek ısıya koyun ve sürekli karıştırarak, hızla karıştırılamayan tam, yuvarlanan bir kaynama noktasına getirin.
e) Şeker ekleyin, karıştırmaya devam edin ve tekrar tam bir kaynayana kadar ısıtın. 1 dakika boyunca iyice kaynatın.
f) Ateşten alın. Baharat torbasını çıkarın ve köpüğü hızlıca alın. Jöleyi hemen sıcak, steril konserve kavanozlarına üstten ¼ inç gelecek şekilde dökün. Kapatın ve kaynar su banyosunda 5 dakika işleyin.

52. Portakal reçeli

İÇİNDEKİLER:

- ¾ fincan greyfurt kabuğu (½ greyfurt)
- ¾ su bardağı portakal kabuğu (1 portakal)
- 13/ fincan limon kabuğu (1 limon)
- 1 litre soğuk su
- 1 greyfurt posası
- 4 adet orta boy portakalın rendesi
- 2 bardak limon suyu
- 2 su bardağı kaynar su
- 3 su bardağı şeker

TALİMATLAR:

a) Meyve hazırlamak için. Meyveyi yıkayın ve soyun. Kabuğu ince şeritler halinde kesin. Soğuk su ekleyin ve üzeri kapalı bir tencerede yumuşayana kadar (yaklaşık 30 dakika) pişirin. Boşaltmak.

b) Soyulmuş meyvelerden tohumları ve zarları çıkarın. Meyveyi küçük parçalar halinde kesin.

c) Reçel yapmak için. Kabuk ve meyve için kaynar su ekleyin. Şeker ekleyin ve sık sık karıştırarak, suyun kaynama noktasının 9 °F üzerinde (yaklaşık 20 dakika) hızla kaynatın. Ateşten alın; sıyırmak.

d) Hemen sıcak, steril konserve kavanozlarına üstten ¼ inç gelecek şekilde dökün. Kapatın ve kaynar su banyosunda 5 dakika işleyin.

Yapar: 3 veya 4 yarım litre kavanoz.

53. Kayısı-Portakal Konservesi

İÇİNDEKİLER:

- 3 ½ su bardağı doğranmış süzülmüş kayısı
- 1 ½ bardak portakal suyu
- ½ portakalın kabuğu, rendelenmiş
- 2 yemek kaşığı limon suyu
- 3 ¼ su bardağı şeker
- ½ su bardağı kıyılmış fındık

TALİMATLAR:

a) Kuru kayısı hazırlamak için. Kayısıları 3 su bardağı suda yumuşayana kadar pişirin (yaklaşık 20 dakika); süzün ve doğrayın.

b) Konserve yapmak için. Fındık hariç tüm malzemeleri birleştirin. Suyun kaynama noktasının 9 °F üzerinde veya koyulaşana kadar sürekli karıştırarak pişirin. Fındık ekleyin; iyice karıştırın. Ateşten alın; sıyırmak.

c) Hemen sıcak, steril konserve kavanozlarına üstten ¼ inç gelecek şekilde dökün. Kapatın ve kaynar su banyosunda 5 dakika işlemden geçirin.

54. Toz Pektinli Şeftali Reçeli

Yapar: yaklaşık 6 yarım litrelik kavanoz.

İÇİNDEKİLER:
- 3 ¾ bardak ezilmiş şeftali
- ½ su bardağı limon suyu
- 1 paket toz pektin
- 5 su bardağı şeker

TALİMATLAR:
a) Meyve hazırlamak için. Tamamen olgun şeftalileri ayırın ve yıkayın. Sapları, derileri ve çukurları çıkarın. Şeftalileri ezin.

b) Reçel yapmak için. Ezilmiş şeftalileri bir su ısıtıcısına ölçün. Limon suyu ve pektin ekleyin; iyice karıştırın. Yüksek ısıya koyun ve sürekli karıştırarak, tüm yüzey üzerinde kabarcıklar olacak şekilde hızlı bir şekilde tam kaynama noktasına getirin.

c) Şeker ekleyin, karıştırmaya devam edin ve tekrar tam, köpürene kadar ısıtın. Sürekli karıştırarak 1 dakika kaynatın. Ateşten alın; sıyırmak.

d) Hemen sıcak, steril konserve kavanozlarına üstten ¼ inç gelecek şekilde dökün. Kapatın ve kaynar su banyosunda 5 dakika işlemden geçirin.

55. Baharatlı Yaban Mersini-Şeftali Reçeli

Yapar: 6 veya 7 yarım litrelik kavanozlar.

İÇİNDEKİLER:
- 4 su bardağı doğranmış veya öğütülmüş şeftali
- 4 bardak yaban mersini
- 2 yemek kaşığı limon suyu
- ½ bardak su
- 5 ½ su bardağı şeker
- ½ çay kaşığı tuz
- 1 çubuk tarçın
- ½ çay kaşığı bütün karanfil
- ¼ çay kaşığı bütün yenibahar

TALİMATLAR:
a) Meyve hazırlamak için. Tamamen olgun şeftalileri ayırın ve yıkayın; çukurları soyun ve çıkarın. Şeftalileri doğrayın veya öğütün.
b) Taze yaban mersini saplarını ayırın, yıkayın ve çıkarın.
c) Dondurulmuş meyveleri çözün.
d) Reçel yapmak için. Meyveleri bir su ısıtıcısına ölçün; limon suyu ve suyu ekleyin. Örtün, kaynatın ve ara sıra karıştırarak 10 dakika pişirin.
e) Şeker ve tuz ekleyin; iyice karıştırın. Tülbente sarılı baharatları ekleyin. Sürekli karıştırarak, suyun kaynama noktasının 9 °F üzerine veya karışım kalınlaşana kadar hızla kaynatın.
f) Hemen sıcak, steril konserve kavanozlarına üstten ¼ inç gelecek şekilde dökün. Kapatın ve kaynar su banyosunda 5 dakika işlemden geçirin.

56. Sıvı Pektinli Ananas Reçeli

Yapar: 4 veya 5 yarım litrelik kavanozlar.

İÇİNDEKİLER:
- Bir 20 ons ezilmiş ananas olabilir
- 3 yemek kaşığı limon suyu
- 3 ¼ su bardağı şeker
- ½ Şişe Sıvı Pektin

TALİMATLAR:
a) Ananas ve limon suyunu bir su ısıtıcısında birleştirin. Şeker ekleyin ve iyice karıştırın. Yüksek ısıya koyun ve sürekli karıştırarak, tüm yüzey üzerinde kabarcıklar olacak şekilde hızlı bir şekilde tam kaynama noktasına getirin.
b) Sürekli karıştırarak 1 dakika kaynatın.
c) Ateşten alın; pektini karıştırın. Sıyırmak.
d) 5 dakika bekletin.
e) Hemen sıcak, steril konserve kavanozlarına üstten ¼ inç gelecek şekilde dökün.
f) Kapatın ve kaynar su banyosunda 5 dakika işlemden geçirin.

57. Sıvı Pektinli Erik Jölesi

Yapar: 7 veya 8 yarım litrelik kavanozlar.

İÇİNDEKİLER:
- 4 su bardağı erik suyu
- 7 ½ su bardağı şeker
- ½ Şişe Sıvı Pektin

TALİMATLAR:
a) Meyve suyu hazırlamak için. Tamamen olgunlaşmış erikleri ayırın ve yıkayın ve parçalara ayırın; soymayın veya oymayın. Meyveleri ezin, su ekleyin, örtün ve yüksek ateşte kaynatın. Isıyı azaltın ve 10 dakika pişirin. Suyu çıkarın.

b) Jöle yapmak için. Suyu bir su ısıtıcısına ölçün. Şekeri karıştırın. Yüksek ısıya koyun ve sürekli karıştırarak, hızla karıştırılamayan tam, yuvarlanan bir kaynama noktasına getirin.

c) pektin ekleyin; tekrar tam olarak getirin, yuvarlanarak kaynatın. 1 dakika kaynatın.

d) Ateşten alın; köpüğü hızlıca çıkarın. Jöleyi hemen sıcak, steril konserve kavanozlarına üstten ¼ inç gelecek şekilde dökün. Kaynar su banyosunda 5 dakika kapatın ve işleyin.

58. Toz Pektinli Çilek Reçeli

İÇİNDEKİLER:

- 5 ½ su bardağı ezilmiş çilek
- 1 paket toz pektin
- 8 su bardağı şeker

TALİMATLAR:

a) Meyve hazırlamak için. Tamamen olgunlaşmış çilekleri ayırın ve yıkayın; gövdeleri ve kapakları yeniden hareket ettirin. Çilekleri ezin.

b) Reçel yapmak için. Ezilmiş çilekleri bir su ısıtıcısına ölçün. Pektin ekleyin ve iyice karıştırın. Yüksek ısıya koyun ve sürekli karıştırarak, tüm yüzey üzerinde kabarcıklar olacak şekilde hızlı bir şekilde tam kaynama noktasına getirin.

c) Şeker ekleyin, karıştırmaya devam edin ve tekrar tam, köpürene kadar ısıtın. Sürekli karıştırarak 1 dakika kaynatın. Ateşten alın; sıyırmak.

d) Hemen sıcak, steril konserve kavanozlarına üstten ¼ inç gelecek şekilde dökün. Kapatın ve kaynar su banyosunda 5 dakika işlemden geçirin.

e) Yapar: 9 veya 10 yarım litrelik kavanozlar.

59. Tutti-Frutti Reçeli

Yapar: 6 veya 7 yarım litrelik kavanozlar.

İÇİNDEKİLER:
- 3 su bardağı doğranmış veya öğütülmüş armut
- 1 büyük portakal
- ¾ su bardağı süzülmüş ezilmiş ananas
- ¼ su bardağı kıyılmış maraschino kirazı
- ¼ fincan limon suyu
- 1 paket toz pektin
- 5 su bardağı şeker

TALİMATLAR:
a) Meyve hazırlamak için. olgun armutları ayırın ve yıkayın; pare ve çekirdek. Armutları doğrayın veya öğütün. Portakalı soyun, çekirdeklerini çıkarın ve posasını doğrayın veya öğütün.
b) Reçel yapmak için. Doğranmış armutları bir su ısıtıcısına ölçün. Portakal, ananas, kiraz ve limon suyunu ekleyin. Pektini karıştırın.
c) Yüksek ısıya koyun ve sürekli karıştırarak, tüm yüzey üzerinde kabarcıklar olacak şekilde hızlı bir şekilde tam kaynama noktasına getirin.
d) Şekeri ekleyin, karıştırmaya devam edin ve tam köpürene kadar tekrar ısıtın. Sürekli karıştırarak 1 dakika kaynatın. Ateşten alın; sıyırmak.
e) Hemen sıcak, steril konserve kavanozlarına üstten ¼ inç gelecek şekilde dökün. Kapatın ve kaynar su banyosunda 5 dakika işlemden geçirin.

60. üzüm konservesi

MALZEMELER:
- 3 kilo üzüm
- 3 pound Şeker
- 1 pound Çekirdekli kuru üzüm
- 3 portakal
- ½ pound Ceviz eti, doğranmış

TALİMATLAR:

a) Üzüm kabuklarını posadan ayırın. Hamuru yaklaşık 10 dakika pişirin ve ardından derilerle birleştirmeden önce tohumları çıkarmak için süzün.

b) Kuru üzüm ve portakalları yemeklik doğrayıcıdan geçirin. Üzümlere ekleyin.

c) Şeker ekleyin ve sık sık karıştırarak yaklaşık 45 dakika yavaşça pişirin.

d) Kapatmadan önce cevizleri ekleyin. Küçük kavanozlara dökün ve kapatın.

pektinsiz reçeller

61. Pektin İlavesiz Böğürtlen Jölesi

İÇİNDEKİLER:
- 8 su bardağı böğürtlen suyu
- 6 su bardağı şeker

TALİMATLAR:
a) Meyve suyu hazırlamak için. Olgunlaşmamış meyvelerin dörtte biri ile dörtte üçü olgun meyve arasında bir oran seçin. Sıralayın ve yıkayın; sapları veya kapakları çıkarın. Çilekleri ezin, su ekleyin, örtün ve yüksek ateşte kaynatın. Isıyı azaltın ve 5 dakika pişirin. Suyu çıkarın.

b) Jöle yapmak için. Suyu bir su ısıtıcısına ölçün. Şeker ekleyin ve iyice karıştırın. Suyun kaynama noktasının 8 ° F üzerine veya jöle karışımı bir kaşıktan bir tabakaya düşene kadar yüksek ateşte kaynatın.

c) Ateşten alın; köpüğü hızlıca çıkarın. Jöleyi hemen sıcak, steril konserve kavanozlarına üstten ¼ inç gelecek şekilde dökün. Kapatın ve kaynar su banyosunda 5 dakika işleyin.

62. Pektin Eklenmemiş Elma Jölesi

İÇİNDEKİLER:

- 4 bardak elma suyu
- Arzuya göre 2 yemek kaşığı süzülmüş limon suyu
- 3 su bardağı şeker

TALİMATLAR:

a) Meyve suyu hazırlamak için. Dörtte bir oranında olgunlaşmamış elma ile dörtte üç oranında tamamen olgunlaşmış ekşi meyve kullanın.

b) Gövde ve çiçek uçlarını ayırın, yıkayın ve çıkarın; eşleme veya çekirdek yapmayın. Elmaları küçük parçalar halinde kesin. Su ekleyin, örtün ve yüksek ateşte kaynatın. Isıyı azaltın ve 20 ila 25 dakika veya elmalar yumuşayana kadar pişirin. Suyu çıkarın.

c) Jöle yapmak için. Elma suyunu bir su ısıtıcısına ölçün. Limon suyu ve şekeri ekleyip iyice karıştırın. Suyun kaynama noktasının 8 ºF üzerine veya jöle karışımı bir kaşıktan bir tabakaya düşene kadar yüksek ateşte kaynatın.

d) Ateşten alın; köpüğü hızlıca çıkarın. Jöleyi hemen sıcak, steril konserve kavanozlarına üstten ¼ inç gelecek şekilde dökün. Kaynar su banyosunda 5 dakika kapatın ve işleyin.

63. Pektin Eklenmemiş Elma Reçeli

İÇİNDEKİLER:

- 8 su bardağı ince dilimlenmiş elma
- 1 portakal
- 1½ bardak su
- 5 su bardağı şeker
- 2 yemek kaşığı limon suyu

TALİMATLAR:

a) Meyve hazırlamak için. Ekşi elmaları seçin. Elmaları yıkayın, soyun, dörde bölün ve çekirdeklerini çıkarın. İnce dilimleyin. Portakalı dörde bölün, çekirdeklerini çıkarın ve çok ince dilimleyin.

b) Reçel yapmak için. Su ve şekeri şeker eriyene kadar ısıtın. Limon suyunu ve meyveyi ekleyin. Sürekli karıştırarak, suyun kaynama noktasının 9 °F üzerine veya karışım kalınlaşana kadar hızla kaynatın. Ateşten alın; sıyırmak.

c) Hemen sıcak, steril konserve kavanozlarına üstten ½ inç kadar dökün. Fok. Kaynar su banyosunda 5 dakika işlemden geçirin.

64. Pektin İlavesiz Ayva Jölesi

Yapar: yaklaşık dört adet 8 onsluk kavanoz

İÇİNDEKİLER:
- 3 ¾ su bardağı ayva suyu
- ⅓ su bardağı limon suyu
- 3 su bardağı şeker

TALİMATLAR:
a) Meyve suyu hazırlamak için. Yaklaşık dörtte biri olgunlaşmamış ayva ve dörtte üçü tamamen olgunlaşmış meyveden oluşan bir oran seçin. Sapları ve çiçek uçlarını ayırın, yıkayın ve çıkarın; eşleme veya çekirdek yapmayın. Ayvaları çok ince dilimleyin veya küçük parçalar halinde kesin.

b) Su ekleyin, örtün ve yüksek ateşte kaynatın. Isıyı azaltın ve 25 dakika pişirin. Suyu çıkarın.

c) Jöle yapmak için. Ayva suyunu bir su ısıtıcısına ölçün. Limon suyu ve şekeri ekleyin. İyice karıştırın. Suyun kaynama noktasının 8 °F üzerine veya jöle karışımı bir kaşıktan bir tabaka oluşturana kadar yüksek ateşte kaynatın.

d) Ateşten alın; köpüğü hızlıca çıkarın. Jöleyi sıcak, steril konserve kavanozlarına üstten ¼ inç gelecek şekilde dökün. Kapatın ve kaynar su banyosunda 5 dakika işleyin.

TAZE REÇELLER

65. **Pembe Limonata Açai Reçeli**

Yapar: yaklaşık ¾ fincan

İÇİNDEKİLER:
- 1 su bardağı Açai Püresi
- ¼ fincan şeker kamışı
- 2 yemek kaşığı pembe limonata
- Bir tutam tuz
- 3 yemek kaşığı öğütülmüş chia tohumu

TALİMATLAR:
a) Açaí, şeker, pembe limonata ve bir tutam tuzu küçük bir tencerede karıştırın.
b) Bir kaynamaya getirin ve hafifçe kalınlaşana kadar 10-15 dakika pişirin.
c) İyice birleştirilene kadar öğütülmüş chia'yı karıştırın.
d) Oda sıcaklığına gelene kadar bekletin, ardından bir kaba aktarın ve kullanıma hazır olana kadar buzdolabında saklayın.

66. çilek lavanta reçeli

Yapar: 1 parti

İÇİNDEKİLER:
- 1 pound Çilek
- 1 pound Şeker
- 24 adet lavanta sapı
- 2 adet limonun suyu

TALİMATLAR:
a) Çilekleri yıkayın, kurutun ve kabuklarını soyun.
b) Onları şeker ve 1 düzine lavanta sapıyla bir kaseye koyun ve gece boyunca serin bir yere koyun.
c) Lavantayı atın ve meyve karışımını alüminyum olmayan bir tencereye koyun.
d) Kalan lavanta saplarını birbirine bağlayın ve meyvelere ekleyin.
e) Limon suyunu ekleyin.
f) Kaynayana kadar pişirin, ardından 25 dakika pişirin.
g) Herhangi bir köpüğü üstten alın. Lavanta atın ve reçeli sterilize edilmiş kavanozlara dökün. Fok.

67. Hanımeli şurubu

Yapar: 1 porsiyon

İÇİNDEKİLER:
- 4 pound taze hanımeli yaprakları
- 8 pint Kaynar su
- Şeker

TALİMATLAR:
a) Yaprakları 12 saat suda demlendirin.
b) Birkaç saat kenara koyun.
c) Şekeri süzün ve ağırlığının iki katı kadar ekleyin ve bir şurup yapın.

68. Ravent, gül ve çilek reçeli

Yapar: yaklaşık 6 pint

İÇİNDEKİLER:
- 2 pound ravent
- 1 pound çilek
- ½ pound çok kokulu gül yaprakları
- 1½ pound şeker
- 4 adet sulu limon çekirdekleri ile birlikte kenara ayrıldı.

TALİMATLAR:
a) Raventi dilimleyin ve bütün kabuklu çilekler ve şekerle birlikte bir kaseye koyun. Üzerine limon suyunu dökün, üzerini kapatın ve bir gece bekletin.
b) Kasenin içeriğini reaktif olmayan bir tavaya dökün. Bir tülbent poşete bağlı limon çekirdeklerini ekleyin ve hafifçe kaynatın. 2 dakika kaynatın, ardından tavanın içindekileri kaseye geri dökün. Üzerini örtün ve bir kez daha serin bir yerde bir gece bekletin.
c) Ravent ve çilek karışımını tekrar tavaya koyun.
d) Gül yapraklarının diplerindeki beyaz uçları çıkarın ve yaprakları meyvelerin arasına iyice bastırarak tavaya ekleyin.
e) Bir kaynama noktasına getirin ve ayar noktasına ulaşılana kadar hızla kaynatın, ardından sıcak, sterilize edilmiş kavanozlara dökün.
f) Mühürleyin ve işleyin.

69. elma yosunu şurubu

Yapar: 4

İÇİNDEKİLER:
- ½ su bardağı Kır Çiçeği Balı
- 32 ons Elma Suyu
- 1 yemek kaşığı Deniz yosunu jeli
- Yarım limon suyu sıkılmış

TALİMATLAR:
a) Elma suyunu ince bir süzgeçten geçirip ocağınızın üzerindeki küçük bir tencereye dökün. Soba sıcaklığını orta-yüksek olarak ayarlayın.
b) Bal ekleyin ve karışana kadar karıştırın
c) Soba sıcaklığını, sıvının yoğun bir şekilde sıçramadan köpürdüğü noktaya ayarlayın.
d) Kalan malzemeleri ekleyin ve karıştırmaya devam edin.
e) Sıvı azaldıkça ve içerikler daha konsantre hale geldikçe, daha düşük bir sıcaklığa ayarlamanız gerekebilir.
f) Başlangıç sıvısının ⅓ ila ¼'ü kalana kadar ocakta pişirin.
g) Kıvamı test etmek için küçük bir cam kaseye 1-3 yemek kaşığı koyun ve 30 saniye ile 1 dakika arasında dondurucuya koyun.
h) Bir kürdan veya temiz bir parmak kullanarak sıvıya dokunun ve parmağınızı yavaşça kaldırın.
i) Aradığınız şey mümkün olduğunca bala yakın kıvam.
j) Ne kadar çok pişmeye bırakılırsa kıvamı o kadar koyu olur. Ne kadar ince veya kalın istediğinize siz karar verin
k) Sıvı piştikten ve istediğiniz kıvamı elde ettikten sonra ocağı kapatın ve yaklaşık 10 dakika soğumaya bırakın. Sıvı hala çok sıcak olmalı ama kaynamamalıdır.
l) Sıvıyı ince gözenekli bir süzgeçten geçirerek bir mason kavanoza süzün.
m) Kapağı kavanoza yerleştirin ve soğumaya bırakın.

70. Deniz Yosunu Elma Sosu

Yapar: 4

İÇİNDEKİLER:
- 10 organik elma, yıkanmış ve soyulmuş
- En sevdiğiniz aromalı çaydan 2 yemek kaşığı
- 2,5 su bardağı su
- İsteğe bağlı: akçaağaç şurubu

TALİMATLAR:
a) Elmaları kabaca doğrayın ve 2 kaseye bölün. Her kase kabaca 3,5 bardak elma içerecektir.
b) Her demlikte 2,5 bardak su ve 2 yemek kaşığı çay kullanarak 2 demlik çay demleyin.
c) Çayı süzün ve sıvıyı alev/ısı düşük seviyedeyken tencereye geri koyun.
d) Her tencereye 3 ½ bardak kabaca doğranmış elma ekleyin.
e) Elmalar yumuşayıncaya ve kolaylıkla ezilebilecek veya delinebilecek duruma gelene kadar pişirin.
f) Elmalar bittiğinde, alevi açın ve fazla sıvıyı kaynatın.
g) Sıvı, tenceredeki elma sayısının %50'si olacak şekilde azaltıldıktan sonra, bir el blenderi veya blender kullanın ve karıştırın.
h) Elma sosunuz kendi başına tatlı olmalı, ancak her hasat aynı olmadığı için elmaların yardıma ihtiyacı olabilir. Bu durumda, tatmin olana kadar biraz akçaağaç şurubu ekleyin.
i) Temiz, sterilize edilmiş cam kavanozlara kaşıkla veya dökün.
j) Soğumaya bırakın.
k) Soğuduktan sonra örtün ve soğutun.
l) Servis zamanı geldiğinde 2 yemek kaşığı hazırlanmış deniz yosununu elmalı sosun içine dökün ve karıştırın ve afiyetle yiyin.

71. Açai-Chia Reçeli

Yapar: yaklaşık ¾ fincan

İÇİNDEKİLER:
- Açai Püresi
- ¼ fincan şeker kamışı
- 2 yemek kaşığı limon suyu
- Bir tutam tuz
- 3 yemek kaşığı öğütülmüş chia tohumu

TALİMATLAR:
a) Açaí, şeker, limon suyu ve bir tutam tuzu küçük bir tencerede karıştırın. Bir kaynamaya getirin ve hafifçe kalınlaşana kadar 10-15 dakika pişirin.

b) İyice birleştirilene kadar öğütülmüş chia'yı karıştırın. Oda sıcaklığına gelene kadar bekletin, ardından bir kaba aktarın ve kullanıma hazır olana kadar buzdolabında saklayın.

DONDURUCU REÇELLERİ

72. Çilek Dondurucu Reçeli

yapar: 3 pound

İÇİNDEKİLER:
- 1¼ pound (600g) taze Çilek
- 2 pound Pudra Şekeri
- 3 yemek kaşığı (50ml) Limon Suyu
- ½ Şişe Sıvı Pektin

TALİMATLAR:
a) Çilekleri geniş bir kapta tahta kaşıkla ezin.
b) Şekeri ilave edin ve ılık bir mutfakta şeker eriyene kadar ara sıra karıştırarak yaklaşık 1 saat bekletin.
c) Sıvı Pektin ekleyin ve iyice karıştırın.
d) Limon suyunu ekleyin ve 2 dakika daha karıştırmaya devam edin.
e) Küçük kaplara koyun, sıkıca kapatın. 48 saat ılık bir yerde bekletin ve ardından dondurun.

73. **Kivi Reçeli**

İÇİNDEKİLER:

- 1¼ pound (550g) kivi meyvesi
- 2 kilo Şeker (tercihen pudra)
- ½ Şişe Sıvı Pektin
- 2 yemek kaşığı (30ml) limon suyu

TALİMATLAR:

a) Meyveyi ince bir şekilde soyun ve sap ucundaki sert kısmı çıkarın.
b) Meyveyi iyice ezin ve şekerle karıştırın.
c) Ilık bir mutfakta ara sıra karıştırarak 1 saat bekletin.
d) Sıvı Pektini ekleyin ve iyice karıştırın.
e) Limon suyunu ekleyin ve iyice karışması için 2 dakika karıştırın.
f) Genişleme için yer bırakarak uygun küçük dondurucu kaplarına aktarın.
g) Dondurucu folyo veya streç film ile kaplayın.
h) Ilık bir mutfakta 24 - 48 saat bekletin, sonra dondurun.

74. Ahududu / Frenk Üzümü Reçeli

yapar: 3 pound

İÇİNDEKİLER:
- 1¼ pound (600g) Ahududu veya Frenk Üzümü
- 2 pound Pudra Şekeri
- 2 yemek kaşığı (30ml) Limon Suyu ½ Şişe Sıvı Pektin

TALİMATLAR:
a) Ahududuları ezin: Frenk üzümü kullanıyorsanız, darbe ayarında bir sıvılaştırıcıya koyun ve kabuklarını parçalamak için kısa darbeler kullanın. Şeker ile bir kaseye koyun ve iyice karıştırın.

b) Sıcak bir mutfakta şeker eriyene kadar ara sıra karıştırarak yaklaşık 1 saat bekletin.

c) Sıvı Pektini ekleyin ve 2 dakika karıştırın.

d) Limon suyunu ekleyin ve 2 dakika daha karıştırmaya devam edin.

e) Küçük kaplara koyun, sıkıca kapatın. 48 saat ılık bir yerde bekletin ve ardından dondurun.

GELENEKSEL REÇELLER

75. Elma ve Zencefil

yapar: 5 pound

İÇİNDEKİLER:
- 3 pound Pişirme Elmaları
- 3 pound Şeker
- 1½ Pint (850ml) Su
- 1 oz (30g) Müslin Torbada Çürümüş Kök Zencefil
- 2 oz (55g) Doğranmış Kristalize Zencefil
- ½ Şişe Sıvı Pektin

TALİMATLAR:
a) Elmaları soyun ve çekirdeklerini çıkarın, kabuğu ve çekirdeklerini suyla birlikte bir tencereye koyun, kaynatın ve 10 dakika kaynatın, ezin ve süzün.
b) Elmaları dilimleyin, süzülmüş suyuyla birlikte büyük bir tencereye koyun, zencefili sallayın ve elmalar yumuşayana kadar hafifçe pişirin.
c) Pişen elmalara şekeri ekleyin ve şeker eriyene kadar ara sıra karıştırarak yavaş yavaş ısıtın.
d) Kristalize zencefili ekleyin, tam kaynama noktasına getirin ve 2 dakika boyunca hızla kaynatın.
e) Ateşten alın, tülbent torbayı çıkarın ve Sıvı Pektini ilave edin.
f) Soğutmak ve meyvelerin havada uçuşmasını önlemek için dönüşümlü olarak sekiz dakika karıştırın ve süzün.
g) Tencereye koyun ve her zamanki gibi örtün.

76. Kayısı reçeli

yapar: 5 pound

İÇİNDEKİLER:
- 2 kilo kayısı (olgun)
- 3 kilo şeker
- ½ Şişe Sıvı Pektin

TALİMATLAR:
a) Kayısıları küçük küçük doğrayın ve iyice ezin. Soymayın.

b) Meyveyi şekerle birlikte bir tencereye koyun, şeker eriyene kadar ara sıra karıştırarak hafifçe ısıtın.

c) Hızlı bir şekilde tam bir kaynama noktasına getirin ve ara sıra karıştırarak 1 dakika boyunca hızla kaynatın.

d) Ateşten alın ve Sıvı Pektini ilave edin.

e) Her zamanki gibi yağını alın, demleyin ve üzerini örtün.

77. elma ve böğürtlen reçeli

Yapar: 8 pound

İÇİNDEKİLER:
- 2 kilo hazır elma
- 5 pound (2,3 kg) Şeker
- 1½ pound (700g) 1 Limonun Böğürtlen Suyu
- 1 Şişe Sıvı Pektin

TALİMATLAR:
a) Elmaları soyun ve soyun, küçük parçalar halinde kesin ve ¼ litre su ile büyük bir tencereye koyun.
b) Kaynatın ve 15 dakika pişirin.
c) Böğürtlenleri iyice ezin ve 4 yemek kaşığı (60ml) ile başka bir tencereye koyun.
d) suyun.
e) 10-15 dakika kaynatın.
f) Jöleli beze koyun ve suyunun akmasına izin verin. Ölçün ve gerekirse 1 pint (570ml) yapmak için su ekleyin.
g) Şeker ve limon suyu ile elma posasına ekleyin.
h) Sürekli karıştırarak şeker eriyene kadar yavaşça ısıtın.
i) Tam bir kaynama noktasına getirin ve kaynatın.
j) 2 dakika.
k) Ateşten alın ve Sıvı Pektini ilave edin.
l) Her zamanki gibi yağını alın, demleyin ve üzerini örtün.

78. Kara Üzüm Ve Porto Şarabı Reçeli

Yapar: 7 pound

İÇİNDEKİLER:
- 4 pound (1.8kg) Siyah Üzüm 4½ pound (2.1kg) Şeker
- ¼ 1 Limonun Yarım Bardak Suyu
- 3 yemek kaşığı (950ml) Porto Şarabı
- 1 Şişe Sıvı Pektin

TALİMATLAR:
a) Yalnızca tamamen olgunlaşmış üzümleri kullanarak meyveyi yıkayın ve çekirdeklerini çıkarın.
b) Su ile bir tencereye koyun ve yumuşayana kadar (yaklaşık 15 dakika) pişirin.
c) Limon suyunu ve şekeri ekleyin.
d) Tam bir kaynama noktasına getirin ve 5 dakika boyunca hızla kaynatın.
e) Gerekirse ocaktan alın ve süzün. Sıvı Pektin ve Porto Şarabı ekleyin.
f) Meyvenin yüzmesini önlemek için hafifçe soğumaya bırakın.
g) Tencereye koyun ve her zamanki gibi örtün.

79. Böğürtlen Reçeli

yapar: 5 pound

İÇİNDEKİLER:
- 2 kilo çilek
- 3 kilo şeker
- ½ Şişe Sıvı Pektin

TALİMATLAR:
a) Yalnızca tamamen olgunlaşmış meyve kullanın. İyice ezin.
b) Hazırlanan meyve ve şekeri büyük bir tencereye koyun, iyice karıştırın ve şeker eriyene kadar hafifçe ısıtın.
c) Tam bir kaynama noktasına getirin ve en sıcak ateşte kaynatın.
d) Kaynatmadan önce ve kaynatırken sürekli karıştırın.
e) 2 dakika iyice kaynatın.
f) Ateşten alın ve Sıvı Pektini ilave edin.
g) Sadece 5 dakika boyunca dönüşümlü olarak süzün ve karıştırın.
h) Meyvenin yüzmesini önlemek için hafifçe soğutun.
i) Tencereye koyun ve her zamanki gibi örtün.

80. Frenk Üzümü Reçeli

yapar: 5 pound

İÇİNDEKİLER:
- 2 kilo Frenk üzümü
- 3¼ pound Şeker
- Yarım litre su
- ½ Şişe Sıvı Pektin

TALİMATLAR:
a) Üst, kuyruk ve meyveyi yıkayın.
b) İyice ezin ve meyveyi suyla birlikte büyük bir tencereye koyun, kaynatın ve üstü kapalı olarak 15 dakika veya kabukları yumuşayana kadar pişirin.
c) Şekeri ekleyin, iyice karıştırın ve şeker eriyene kadar hafifçe ısıtın.
d) Tam bir kaynama noktasına getirin ve ara sıra karıştırarak 1 dakika boyunca hızla kaynatın.
e) Ateşten alın ve Sıvı Pektini ilave edin - gerekirse yağını alın.
f) Tencereye koyun ve her zamanki gibi örtün.

81. Konserve Kayısı & Ananas Reçeli

yapar: 5 pound

İÇİNDEKİLER:
- 2 x 15 oz kutu Kayısı Yarımları
- 3 pound Şeker
- 2 x 16 oz Ananas Halkaları
- 1 Limonun Suyu 1 Şişe Sıvı Pektin

TALİMATLAR:
a) Meyvelerin suyunu süzün, ananas halkalarını ve kayısıları ince ince doğrayın.
b) Meyveleri bir tencereye alın, şekeri ve limon suyunu ekleyin.
c) Sürekli karıştırarak tüm şeker eriyene kadar yavaşça ısıtın.
d) Tam bir kaynama noktasına getirin ve 2 dakika boyunca sert bir şekilde kaynatın.
e) Ateşten alın ve Sıvı Pektini ilave edin.
f) Reçeli süzün, sonra karıştırın. Hafifçe soğumaya bırakın.
g) Hızlı bir şekilde temiz kavanozlara dökün, kapatın ve her zamanki gibi kapatın.

82. kiraz reçeli

yapar: 5 pound

İÇİNDEKİLER:
- 2,5 kilo Çekilmiş Kiraz
- 3 pound şeker
- ¼ Bira Suyu
- 3 seviye yemek kaşığı Limon suyu
- 1 Şişe Sıvı Pektin

TALİMATLAR:
a) Kirazları su ve limon suyunda ağzı kapalı bir tencerede 15 dakika pişirin.
b) Şekeri eklemeden önce gerçekten büyük bir tavaya aktarın.
c) Şekeri ekleyin ve şeker eriyene kadar ara sıra karıştırarak hafifçe ısıtın.
d) Tam bir kaynama noktasına getirin ve 1-2 dakika boyunca hızla kaynatın.
e) Sıvı Pektini ilave edin ve 1 dakika kaynatmaya devam edin.

f) Ocaktan alın, süzün, gerekirse hafifçe soğutun, tencereye alın ve her zamanki gibi üzerini kapatın.

83. mürdüm reçeli

yapar: 5 pound

İÇİNDEKİLER:
- 2½ pound Meyve
- 1 Limonun 3¼ pound Şeker Suyu
- Yarım litre su
- ½ Şişe Sıvı Pektin

TALİMATLAR:
a) Meyveyi yıkayın ve suyla birlikte bir tencereye koyun.
b) Karışım kaynayana kadar karıştırın.
c) Örtün ve 15 dakika pişirin.
d) Şeker ve limon suyunu ekleyin, iyice karıştırın.
e) En sıcak ısı üzerinde tam bir kaynama noktasına getirin.
f) Küçük bir parça tereyağı ekleyin.
g) Kaynatmadan önce ve kaynatırken sürekli karıştırın.
h) 1 dakika boyunca iyice kaynatın.
i) Ateşten alın, Sıvı Pektini ilave edin.
j) Pisliği ve taşları çıkarmak için sıyırın.
k) Çabuk dökün ve üzerini kapatın.

84. Taze İncir Reçeli

yapar: 5 pound

İÇİNDEKİLER:
- 2 kilo olgun incir
- 3,5 kilo şeker
- 2 limonun suyu
- 1 Şişe Sıvı Pektin

TALİMATLAR:
a) İncirleri büyük bir muhafaza kabına 2 limonun suyunu, 2 pound incir ve 3 ½ pound şekeri koyun.
b) İyice karıştırın ve şeker eriyene kadar yavaşça ısıtın.
c) Sürekli karıştırarak tam bir kaynama noktasına getirin.
d) 1 dakika kaynattıktan sonra ocaktan alın ve Sıvı Pektini ilave edin.
e) Her zamanki gibi yağını alın, demleyin ve üzerini örtün.

85. zencefil reçeli

yapar: 5 pound

İÇİNDEKİLER:
- 1 pound Kök Zencefil
- 3 pound Şeker
- 6 yemek kaşığı limon suyu
- 1 Şişe Sıvı Pektin

TALİMATLAR:
a) Zencefili soyun ve ¼" (6 mm) zar şeklinde kesin
b) Soğuk suyla örtün, kaynatın, 5 dakika pişirin ve ardından süzün.
c) Taze soğuk suyla örtün, kaynatın, 5-10 dakika pişirin. İyice süzün.
d) Gerçekten büyük bir tavaya aktarın, şeker, 400 ml su ve limon suyu ekleyin. Karıştırarak kaynatın, 5 dakika pişirin ve birkaç saat veya gece boyunca soğumaya bırakın.
e) Köpürmeyi önlemek için küçük bir topuz tereyağı ekleyin, tam kaynama noktasına getirin ve mümkün olan en hızlı şekilde 2 dakika kaynatın. Ateşten alın.
f) Sıvı Pektini ilave edin. Sertleşme noktasına gelene kadar 5 – 10 dakika ara sıra karıştırarak soğumaya bırakın.
g) Sıcak kavanozlara dökün ve her zamanki gibi kapatın.

86. Bektaşi Üzüm Reçeli

yapar: 5 pound

İÇİNDEKİLER:
- 2 pound Bektaşi üzümü
- 3½ pound Şeker
- ¼ Bira Suyu
- ½ Şişe Sıvı Pektin

TALİMATLAR:
a) Bektaşi üzümü üstünü, kuyruğunu ve yıkayın. Bektaşi üzümlerini su ile bir tencereye koyun, kaynatın ve kapağın altında 15 dakika veya kabukları yumuşayıncaya kadar ara sıra karıştırarak pişirin.

b) Şekeri ekleyin ve ara sıra karıştırarak şeker eriyene kadar yavaş yavaş ısıtın.

c) Hızlı bir şekilde tam bir kaynama noktasına getirin ve ara sıra karıştırarak 2 dakika boyunca hızla kaynatın.

d) Ateşten alın ve Sıvı Pektini ilave edin - gerekirse yağını alın.

e) Hafifçe soğumaya bırakın, tencereye alın ve her zamanki gibi örtün.

87. Kivi Reçeli

yapar: 5 pound

İÇİNDEKİLER:
- 2 pound Kivi Meyvesi
- 3½ pound Şeker
- ½ Şişe Sıvı Pektin

TALİMATLAR:
a) Meyveyi ince bir şekilde soyun, sap ucundaki sert parçayı çıkarın.
b) Meyveyi iyice ezin ve şekerle karıştırın.
c) Büyük bir tavaya aktarın ve tüm şeker eriyene kadar hafifçe ısıtın.
d) Kaynayana kadar hızla ısıtın ve 2 dakika kaynatın (tam kaynayan).
e) Ateşten alın ve Sıvı Pektini ilave ederek iyice karıştırın.
f) 2 ila 3 dakika soğumaya bırakın ve her zamanki gibi tencereye koyun.

88. İlik ve Zencefil Reçeli

yapar: 5 pound

İÇİNDEKİLER:
- 1 İlik
- 3¼ pound Şeker
- 4 yemek kaşığı Su
- 1 Limonun Suyu
- 2 ons Çürük Kök Zencefil
- 4 ons kıyılmış Kristalize Zencefil
- 1 Şişe Sıvı Pektin

TALİMATLAR:
a) İliği soyun, kabuğu ve tohumları atın, ince doğrayın.
b) İliği su ile bir tencereye koyun ve kapağı kapalı olarak 20 dakika pişirin.
c) Kök zencefil bir tülbent poşete bağlanmalı ve şeker, pişmiş kemik iliği, kıyılmış kristalize zencefil ve limon suyu ile birlikte bir tencereye konulmalı; iyice karıştırın ve şeker eriyene kadar ara sıra karıştırarak hafifçe ısıtın.
d) Tam bir kaynama noktasına getirin ve 2 dakika kaynatın.
e) Ateşten alın, tülbent torbayı çıkarın ve Sıvı Pektini ilave edin.
f) Meyvenin yüzmesini önlemek için soğumaya bırakın. Tencereye koyun ve her zamanki gibi örtün.

89. Karışık Meyve Reçeli

yapar: 5 pound

İÇİNDEKİLER:
- ½ pound (225g) Kurutulmuş Şeftali
- 4 pound (1.7kg) Şeker
- ½ Pint (285ml) Su
- ½ pound (225g) Armut
- 1½ pound (700g) Elma
- ⅛ Bira bardağı (75ml) Su
- ½ Şişe Sıvı Pektin

TALİMATLAR:
a) Kurutulmuş şeftalileri en az 4 saat suda bekletin.

b) Elma ve armutları soyup çekirdeklerini çıkarın ve dilimler halinde kesin. Şeftali ve su ile bir tencereye koyun.

c) Örtün ve yumuşayana kadar (yaklaşık 15 dakika) hafifçe pişirin.

d) Şeker ekleyin, eriyene kadar karıştırın.

e) Tam bir kaynama noktasına getirin ve 2 dakika boyunca sert bir şekilde kaynatın.

f) Ateşten alın ve Sıvı Pektini ilave edin.

g) Gerekirse gözden geçirin. Tencereye koyun ve her zamanki gibi örtün.

90. Şeftali reçeli

yapar: 5 pound

İÇİNDEKİLER:
- 2¼ pound (1kg) Şeftali
- 3¼ pound Şeker
- 1 Şişe Sıvı Pektin

TALİMATLAR:
a) Şeftalileri soyun ve çekirdeklerini çıkarın, etini doğrayın.
b) Meyvenin tadı veya ekşiliği yoksa 1 limonun suyunu ekleyin.
c) Şekeri ve hazırlanmış meyveyi büyük bir tencereye koyun ve şeker eriyene kadar hafifçe ısıtın.
d) Tam bir kaynama noktasına getirin ve 1 dakika boyunca sert bir şekilde kaynatın.
e) Ateşten alın ve Sıvı Pektini ilave edin.
f) Her zamanki gibi yağını alın, demleyin ve üzerini örtün.

91. Armut ve Zencefil Reçeli

yapar: 5 pound

İÇİNDEKİLER:
- 3 pound Hazırlanmış ve doğranmış pişirme Armut
- 3¼ pound Şeker
- ½ litre Su
- 2 limonun suyu
- 1 limonun rendelenmiş kabuğu
- 1 seviye çay kaşığı Zencefil
- 2 ons Kristalize Zencefil (zar şeklinde kesilmiş)
- 1 Şişe Sıvı Pektin

TALİMATLAR:
a) Armutları yumuşayana kadar suda pişirin.
b) 2Şeker, limon suyu, kabuğu ve zencefili ekleyin, şeker eriyene kadar hafif ateşte karıştırın.
c) Kaynatın ve 2 dakika boyunca hızla kaynatın.
d) Ateşten alın ve Sıvı Pektini ilave edin.
e) 1 dakika daha kaynatın.
f) 10-15 dakika soğumaya bırakın.
g) Tencereye koyun ve her zamanki gibi örtün.

92. Ananas Reçeli

Yapar: 4 pound

İÇİNDEKİLER:
- 1 ½ pound (0.7kg) hazırlanmış ananas
- 3 pound Şeker
- 1 litre su (300 mi)
- 1 Limon
- 1 Şişe Sıvı Pektin

TALİMATLAR:
a) Meyveyi hazırlayın, iyice ezin ve geniş bir tencereye koyun.
b) Suyu ekleyin, yavaşça ısıtın ve yumuşayana kadar yaklaşık 30 dakika pişirin.
c) Şekeri ve 1 limonun suyunu ekleyin, iyice karıştırın ve ara sıra karıştırarak şeker eriyene kadar yavaş yavaş ısıtın.
d) Tam bir kaynama noktasına getirin ve 2 dakika boyunca hızla kaynatın.
e) Ateşten alın, Sıvı Pektini ekleyin ve meyvelerin uçuşmasını önlemek için 20 dakika soğumaya bırakın.
f) Her zamanki gibi yağını alın, demleyin ve üzerini örtün.

93. Erik reçeli

yapar: 10 pound

İÇİNDEKİLER:
- 5 pound (2,3 kg) Erik
- 6½ pound (3kg) Şeker
- Yarım litre su
- ½ Şişe Sıvı Pektin

TALİMATLAR:
a) Erikleri yıkayın, parçalara ayırın, istediğiniz kadar taşı çıkarın.
b) Meyveleri ve suyu geniş bir tencereye koyun.
c) Sürekli karıştırarak kaynatın.
d) Örtün ve 15 dakika pişirin.
e) Şeker ekleyin, şeker eriyene kadar yavaşça ısıtın, sürekli karıştırarak, ardından tam bir kaynama noktasına getirin.
f) 2 dakika ara sıra karıştırarak kaynatın, ardından ocaktan alın ve Sıvı Pektini ilave edin.
g) Gerekirse süzün ve her zamanki gibi tencereye alıp üzerini kapatın.

94. Ayva Reçeli

Yapar: 4½ pound

İÇİNDEKİLER:
- 3 pound Ayva
- 3 pound Şeker
- 1 Limon
- ½ Şişe Sıvı Pektin

TALİMATLAR:
a) Ayvaları soyun ve çekirdeklerini çıkarın (tamamen olgunlaşmış meyveler kullanın). Mümkün olduğu kadar ince doğrayın.
b) Yarım litre (240ml) su ve 1 limonun suyunu ekleyin.
c) Bir kaynamaya getirin ve örtün ve 15 dakika pişirin.
d) Şekeri ve 1,1 kg hazırlanmış meyveyi büyük bir saklama kabına ölçün ve iyice karıştırın. Şeker eriyene kadar yavaşça ısıtın.
e) Tam bir kaynama noktasına getirin. Kaynatmadan önce ve kaynatırken sürekli karıştırın.
f) 1 dakika boyunca iyice kaynatın.
g) Ateşten alın ve Sıvı Pektini ilave edin.
h) Her zamanki gibi yağını alın, demleyin ve üzerini örtün.

95. Loganberry veya Tayberry Reçeli

Yapar: 7 pound

İÇİNDEKİLER:
- 4 pound (1,8 kg) Meyve
- 5 ½ pound (2,5 kg) Şeker
- 1 Şişe Sıvı Pektin

TALİMATLAR:
a) Çilekleri ezin ve şekerle birlikte bir tencereye koyun.
b) Şeker eriyene kadar ara sıra karıştırarak hafifçe ısıtın.
c) Hızlı bir şekilde tam bir kaynama noktasına getirin ve ara sıra karıştırarak 2 dakika boyunca hızla kaynatın.
d) Ateşten alın ve Sıvı Pektini ilave edin. Gerekirse gözden geçirin.
e) Meyvenin yüzmesini önlemek için soğumaya bırakın. Tencereye koyun ve her zamanki gibi örtün.

96. Ahududu reçeli

Yapar: 8 pound

İÇİNDEKİLER:
- 4 pound (1.8kg) Ahududu
- 5½ pound (2,5 kg) Şeker
- 1 Şişe Sıvı Pektin

TALİMATLAR:
a) Çilekleri ezin ve şekerle birlikte bir tencereye koyun.
b) Şeker eriyene kadar ara sıra karıştırarak hafifçe ısıtın.
c) Hızlı bir şekilde tam bir kaynama noktasına getirin ve ara sıra karıştırarak 2 dakika boyunca hızla kaynatın.
d) Ateşten alın ve Sıvı Pektini ilave edin. Gerekirse gözden geçirin.
e) Meyvenin yüzmesini önlemek için soğumaya bırakın. Tencereye koyun ve her zamanki gibi örtün.

97. Ravent ve Zencefil Reçeli

yapar: 5 pound

İÇİNDEKİLER:
- 3 pound Ravent hazırladı
- 3 pound Şeker
- ¼ Bira Suyu
- 1 ons (30g) Çürümüş Kök Zencefil
- 1 Şişe Sıvı Pektin

TALİMATLAR:
a) Raventi ince ince dilimleyin ama soymayın.
b) Şekeri büyük bir tencereye ölçün ve 3 pound hazırlanmış ravent ve su ekleyin.
c) Bir muslin torbaya bağlanmış 1 ons ezilmiş kök zencefil ekleyin.
d) İyice karıştırın ve hızlı bir şekilde tam bir kaynama noktasına getirin.
e) 3 dakika iyice kaynatın. Ateşten alın ve Sıvı Pektini ilave edin.
f) Kök zencefili muslin torbasından çıkarın.
g) Yağını alın, kaplayın ve örtün.

98. Çilek reçeli

yapar: 5 pound

İÇİNDEKİLER:
- 2¼ pound (1kg) Çilek
- 3 kilo şeker
- 3 yemek kaşığı Limon Suyu
- ½ Şişe Sıvı Pektin

TALİMATLAR:
a) Meyveyi hazırlayın, iyice ezin ve şeker ve limon suyuyla birlikte bir tencereye koyun.
b) Şeker eriyene kadar ara sıra karıştırarak yavaşça ısıtın. Küçük bir parça tereyağı veya margarin ekleyin.
c) Tam bir kaynama noktasına getirin ve 2 dakika boyunca hızla kaynatın.
d) Ateşten alın, Sıvı Pektini ekleyin ve meyvelerin uçuşmasını önlemek için 20 dakika soğumaya bırakın.
e) Her zamanki gibi yağını alın, demleyin ve üzerini örtün.

99. Çilek Reçeli (Bütün)

yapar: 5 pound

İÇİNDEKİLER:
- 2¼ pound (1kg) küçük Çilek
- 3 pound (1.4g) Şeker
- 3 yemek kaşığı (50ml)
- Limon Suyu (1 Büyük Limon)
- ½ Şişe Sıvı Pektin

TALİMATLAR:
a) Meyveleri hazırlayın ve limon suyu ve şekerle birlikte tencereye alın.
b) Ara sıra karıştırarak 1 saat bekletin.
c) Şeker eriyene kadar ara sıra karıştırarak yavaşça ısıtın.
d) Küçük bir parça tereyağı veya margarin ekleyin.
e) Tam bir kaynama noktasına getirin ve 2 dakika boyunca hızla kaynatın.
f) Ateşten alın, Sıvı Pektini ekleyin ve meyvelerin uçuşmasını önlemek için 20 dakika soğumaya bırakın.
g) Her zamanki gibi yağını alın, demleyin ve üzerini örtün.

100. Çilek Ve Ravent Reçeli

yapar: 5 pound

İÇİNDEKİLER:
- 1 pound Ravent
- 1 pound Çilek
- 3¼ pound (1.7kg) Şeker
- ¼ Pint Su
- 1 seviye çay kaşığı Bikarbonat Soda
- ½ Şişe Sıvı Pektin

TALİMATLAR:
a) Ravent yıkayın ve ince doğrayın. Soymayın.
b) Çilekleri iyice ezin.
c) Meyveyi su ile bir tencereye koyun, sürekli karıştırarak kaynatın. 15 dakika üzeri kapalı olarak kaynatın.
d) 2 litre (1130 ml) pişmiş meyveyi büyük bir tencereye ölçün ve gerekirse miktarı suyla tamamlayın.
e) Şekeri ekleyin, ara sıra karıştırarak şeker eriyene kadar hafifçe ısıtın.
f) Tam bir kaynama noktasına getirin ve 2 dakika boyunca hızla kaynatın.
g) Ateşten alın ve Sıvı Pektini ilave edin.
h) Soğutmak ve meyvelerin havada uçuşmasını önlemek için dönüşümlü olarak 5 dakika karıştırın ve süzün.
i) Tencereye koyun ve her zamanki gibi örtün.

ÇÖZÜM

Ek içerik sağladığınız için teşekkür ederiz. İşte 100 tarif içeren Nihai Reçel Yemek Kitabı'un son sayfası için olası daha uzun bir sonuç:

Ev yapımı reçeller yapmak için kapsamlı bir rehber olan Nihai Reçel Yemek Kitabı'un son sayfasına ulaştığınız için tebrikler. Bizimle bu reçel yapma yolculuğuna çıkmaya karar verdiğiniz için çok heyecanlıyız ve umarız bu kitapta yer alan birçok lezzetli tarifi keşfetmekten keyif almışsınızdır.

Gördüğünüz gibi, kendi reçellerinizi yapmak ödüllendirici ve tatmin edici bir deneyim olabilir. Taze, mevsim meyvelerini alıp yıl boyunca tadını çıkarabileceğiniz bir ezme haline getirmenin özel bir yanı var. Kilerinizi ister çilek ve ahududu gibi klasik tatlarla doldurmak istiyor olun, ister yaban mersini-lavanta veya incir-balzamik gibi daha benzersiz kombinasyonları denemeye hevesli olun, bu kitaptaki tarifler reçel yapma hedeflerinize ulaşmanıza yardımcı olacaktır. .

Reçel Yemek Kitabı boyunca, reçellere olan tutkumuzu paylaştık ve her seferinde mükemmel sonuçlara ulaşmanıza yardımcı olacak adım adım talimatlar sağladık. Doğru meyveyi seçmekten jöle yapma sanatında ustalaşmaya kadar, kendi mutfağınızda lezzetli, yüksek kaliteli reçeller yapmak için bilmeniz gereken her şeyi ele aldık.

Ancak bu kitabın size tarifler ve teknikler vermenin ötesinde, reçel yapımında yaratıcı olmanız için size ilham vermesini umuyoruz. Lezzet eşleştirmeleri için ipuçları ekledik ve kendi benzersiz karışımlarınızı yaratmak için farklı meyveler, otlar ve baharatlar denemenizi teşvik ettik. İster şeftali reçelinize biraz viski ekleyin, ister çilek konservelerinize fesleğen ekleyin, lezzet kombinasyonları için olasılıklar sonsuzdur.

Reçel yapma yolculuğunuzda ilerlerken, sizi eğlenmeye ve sürecin tadını çıkarmaya teşvik ediyoruz. Reçel yapmak, mevsimlerle bağlantı kurmanın, dünyanın cömertliğini kutlamanın ve emeğinizin meyvelerini başkalarıyla paylaşmanın harika bir yoludur. Umarız bu kitap tüm bunları yapmanıza yardımcı olmuştur ve öğrendiğiniz tarifler ve teknikler gelecek yıllarda işinize yarayacaktır.

Ev yapımı reçeller için rehberiniz olarak Reçel Yemek Kitabı'nı seçtiğiniz için teşekkür ederiz. Mutfakta geçireceğiniz mutlu saatler ve sevdiklerinizle paylaşacağınız leziz reçel kavanozları dileriz. Mutlu reçel yapımı!

Ingram Content Group UK Ltd.
Milton Keynes UK
UKHW021148220623
423869UK00009B/89